Alain Pelosato
Pierre Dagon
Robert Neville

Après Fandom, *voici la suite :*

FANDOM 2

2003 - 2016
Lovecraft est toujours parmi nous…

sfm éditions 2017
www.sfmeditions.fr

La table des matières est en fin d'ouvrage

Photo de couverture **Le Cormoran** par Alain Pelosato
ISBN : 2-915512-06-X
9782915512069
© Alain Pelosato
sfm éditions 2017
Dépôt légal janvier 2017

Introduction

En 2003, peu après le dépôt de bilan des éditions *Naturellement*, je publiai mon livre autobiographique *Fandom*. Je relate, sur mon site perso, les péripéties de ce livre dont certains membres du Fandom ont tenté d'empêcher la publication.

Depuis, l'eau a coulé sous les ponts. Science fiction magazine est édité par sfm éditions depuis cette date et publie désormais également des livres.

Je me suis assuré la collaboration de Pierre Dagon et Robert Neville.

Ce petit livre présente les débats entre ces trois *alter ego*, sur le Fandom, la SF et le fantastique et surtout sur nos adaptations de la mythologie de Lovecraft que nous pensons avoir modernisée et mise au diapason des découvertes scientifiques de notre époque.

Nous exposons ainsi au lecteur la genèse du cycle *Jean Calmet*.

Pour illustrer nos propos nous avons rajouté une interview de l'écrivain de Providence, deux études sur Lovecraft, signées Alain Pelosato et la nouvelle *Lettre à Ralsa Marsh* de Pierre Dagon.

SCIENCE FICTION

MAGAZINE

toutes les dimensions de l'imaginaire

SF MAG

INTERVIEWS CINÉ

Assassin's Creed
Justin Kurzel
Michael Fassbender

Quelques minutes après minuit
Juan Antonio Bayona
Liam Neeson

Split
Chronique du film

DÉCOUVERTES
L'âge d'or de la SF
Dan Simmons

Star Wars
Kylo Ren & Skywalker

Dossier
Films catastrophe

Super Héros
Docteur Strange

Interviews auteurs
Michel Chevalet
Benoît Grison
Philippe Laguerre
Gilles Legardinier
Gilles Debouverie

SCIENCE FICTION MAGAZINE No 94 trimestriel décembre 2016-janvier-février 2017

ROGUE ONE
A STAR WARS STORY.

INTERVIEWS EXCLUSIVES de DIEGO LUNA & FELICITY JONES

M 06614 - 94 - F: 6,20 €

SÉRIES TV Strangers Things - Wrecked - American Horror Story
CHRONIQUES LIVRES & BD

Le Fandom, le fantastique et la SF, Lovecraft, par

Pierre Dagon, Alain Pelosato et Robert Neville

Pierre Dagon

Bonjour Alain Pelosato : pourquoi m'as-tu confié l'écriture de tes textes de fiction ?

Alain Pelosato

Parce que je suis très occupé, j'écris plein de livres sur le cinéma, l'écologie, le monde contemporain, et je n'ai plus le temps d'écrire des fictions. C'est pourquoi je t'ai demandé de poursuivre cette œuvre quand tu as écrit *Les 12 filles de Lilith*, roman publié par Sfmag en juin 2001... Ensuite, tu as continué à écrire pour le cycle *Jean Calmet*.

Pierre Dagon

C'est si vieux que ça ? J'ai l'impression de l'avoir écrit hier ! Je n'ai pas eu une bonne critique de la part de *Daniel Conrad*...

Alain Pelosato

Cette critique de Conrad est ignoble. C'est un pseudonyme de *Yannick Pierre* qui réglait ses comptes avec moi, car nous avions eu un litige avec Sfmag... En fait il est très bien ton petit roman plein d'humour noir et parfois trash que j'ai publié plus tard, chez Edilivre, dans un recueil intitulé *Jean Calmet*... Ensuite tu as écrit la série des *Lovecraft* : *Lovecraft à Espérance, L'Alchimiste, les Âges sombres.* Avec mes deux romans *Ruines* et *Fleur de soufre*, publiés fin des années 90, ce cycle comporte 6 romans en 2007 quand tu as interrompu tes activités littéraires, jusqu'à cette année 2016 au cours de laquelle tu as publié *Yuggoth et Titan*...

Pierre Dagon
Hého ! Tu oublies *Lettre à Ralsa Marsh* !

Alain Pelosato
Ah oui, c'est vrai. Quelle drôle d'histoire ! Ce fut Daniel Conrad qui avait pris contact avec moi en 2012, sans doute saisi par les remords de t'avoir descendu en flèche avec son ignoble « chronique » de ton *Les 12 filles de Lilith*, pour me demander si tu ne voulais pas écrire une nouvelle d'une anthologie qu'il avait intitulée « Méchants, méchants »... Tu as donc accepté et écrit cette belle *Lettre à Ralsa Marsh*, que je lui ai envoyée et qu'il n'a jamais publiée, car son projet d'anthologie est tombé à l'eau ! Enfin, c'est ce que je suppose, car je n'ai jamais eu de nouvelles depuis, c'est dire la goujaterie de ce type ! Cette anthologie n'a jamais été publiée. J'ai publié ta nouvelle chez Edilivre et en Kindle sur Amazon...
Elle a connu quand même un certain public, d'autant qu'elle a également été publiée dans mon livre *Love-*

craft au cinéma et je la publie de nouveau à la fin de ce présent livre.

Pierre Dagon
Il était temps que tu me dises ce qu'était devenue ma nouvelle !

Alain Pelosato
Oui, désolé. Mais que veux-tu, je suis tellement occupé…

Pierre Dagon
Et, en cette année 2016, tu as créé une maison d'édition ?

Alain Pelosato
Non, j'avais créé cette maison d'édition en 2003, pour éditer *Sfmag*, car j'avais été contraint de déposer le bilan de la maison qui l'éditait auparavant, les éditions Naturellement. Je ne te raconte pas l'histoire, car je la raconte en détail dans mon livre *Fandom*, qu'on peut acheter n'importe où et qu'on peut même lire gratuitement sur beaucoup de plateformes de lecture gratuite de livres… Je sortais tellement épuisé de cette aventure *Éditions Naturellement* que je me suis contenté d'éditer *Sfmag* jusqu'à cette année 2016. Une espèce de période sabbatique de 13 années !
Enfin, sabbatique seulement concernant la publication de livres, car j'ai publié 57 numéros de Sfmag.

Pierre Dagon

Allez, ne te plains pas ! Il n'y a pas que cette raison pour ces années sabbatiques, le fait est qu'aujourd'hui, les moyens de l'édition ont évolué...

Alain Pelosato

Jusqu'au début des années 2000, il fallait faire un tirage minimum de livres pour les mettre en vente en librairie. L'éditeur, pour la vente en librairie, doit utiliser les services d'un diffuseur (une espèce de service commercial externe qui démarche les libraires) et un distributeur (qui répartit les livres en librairie) ; pour tenir le coup financièrement, il faut publier des livres qui se vendent un minimum ; sinon ce qu'on appelle les retours (quand les invendus reviennent des librairies) sont mortels ; il y a un chiffre fatidique de vente. Si tu es en dessous, tu meurs ! Il faut donc ne publier que des livres qui marchent. Ou avoir quelques auteurs de best-sellers dont les ventes faramineuses permettent de financer le lancement de petits nouveaux... Mais la plupart des livres ne se vendent pas en nombre élevé. De quelques dizaines d'exemplaires (parfois aucun !) à quelques centaines...

Pierre Dagon

OK ! Et qu'y a-t-il de changé maintenant ?

Alain Pelosato

Attends, j'y viens.

Ensuite, les technologies d'impression se sont amé-liorées, notamment avec la photocopie. Ce fut la pé-riode du tirage à la demande. Mais il fallait quand même avoir un minimum de service commercial, et je n'ai pas voulu me lancer dans cette aventure.

Puis, Amazon a créé son système d'autoédition, suivi ensuite par d'autres comme Kobo, etc. Et là c'est magique : tu publies ton livre gratuitement, livre que tu vends sur les sites commerciaux. Bien sûr, tu n'es pas vendu en librairie, mais qu'est-ce que ça peut faire puisque, de toute façon, les libraires ne vendent pas suffisamment de tes livres pour survivre ?

Pierre Dagon
OK. Alors comment ça marche.

Alain Pelosato
Je viens de le dire : je publie le livre sur Amazon, Ko-bo, Chapitre.com, etc. Si le livre ne se vend pas (ça arrive) tant pis, j'ai bossé un peu pour rien, mais s'il se vend, même à quelques exemplaires, l'auteur aura atteint des lecteurs. D'autres se vendent très bien… Je publie les livres sous le numéro d'ISBN de *sfm éditions*, avec dépôt légal à la BNF (Bibliothèque nationale de France). C'est un peu comme ce que disait un producteur de films bien connu (hélas dé-cédé) : « un film c'est comme une bouteille à la mer… parfois elle n'arrive jamais nulle part, parfois, elle arrive entre de bonnes mains ». C'est pareil pour le livre ! Un auteur ne doit jamais se décourager et se doit de publier de nombreux titres, il y en aura tou-

jours qui marchent, car les raisons du succès d'un livre reste un mystère, quoi qu'en disent les « grands » éditeurs… Les best-sellers sont surtout basés sur la notoriété des auteurs et aussi, hélas, sur les prix littéraires attribués, ce qui fait que le marché est complètement dévoré par ces auteurs… Ce qui est injuste. Le système de l'autoédition permet à chaque auteur de prendre sa place aussi minime soit-elle.

Pierre Dagon
Alors, j'écris des fictions et toi des études sérieuses ?

Alain Pelosato
Oui. Je me suis toujours intéressé aux sciences, qu'elles soient « dures » ou « humaines ». J'ai donc écrit de nombreux ouvrages sur l'écologie, basés sur mon expérience professionnelle dans ce domaine. Mais nous y reviendrons je pense.
Ce goût de l'analyse scientifique m'a conduit à mon projet de créer une œuvre sur le cinéma fantastique et de SF. Je n'ai jamais été satisfait de ce qui a été fait dans ce domaine. Alors je m'y suis mis en 1995, et j'ai publié trois ans plus tard *Le Cinéma fantastique*… Je n'ai jamais cessé depuis de publier, à la fois des actualisations régulières de ce premier ouvrage en fonction des nouveaux films sortis et de ceux que je découvrais. Par exemple, devant l'énorme travail que demanda ce premier livre, j'avais décidé de ne pas traiter le cinéma de série B et de série Z. Depuis, je m'y suis mis également. J'aime aussi étudier des

thèmes, classer les films par catégories de sujets (un ami m'a dit « une taxinomie du cinéma »)…

Pierre Dagon
Mais tu ne t'en es pas tenu seulement au cinéma ?

Alain Pelosato
Non, bien sûr. L'influence de la littérature sur le cinéma fantastique m'a évidemment amené à traiter la littérature fantastique et aussi la SF, car j'ai toujours été impressionné par la SF…

Les deux films qui m'ont terrifié quand j'étais petit furent : *La chose d'un autre monde* de Christian Nyby (1951) et *Le Monstre* de Val Guest (1955)… En fait, j'ai eu des expériences cinématographiques dès la petite enfance. Je suis né en France d'origine italienne et mon père travaillait le samedi comme serveur au bal de la ville ouvrière où nous habitions. Ma mère m'emmenait au cinéma. Je me souviens très bien d'un film qui m'avait terrifié, car j'étais très petit (6 ans !…) *Barbe noire le pirate* de Raoul Walsh (1952). C'est un film assez violent, mais les scènes de violence sont suggérées, jamais montrées en direct. Par exemple, j'ai toujours le souvenir d'une scène de pendaison… J'ai regardé ce film dernièrement à la télévision et cette scène de pendaison n'existe pas ! Elle est simplement suggérée, des personnages en parlent et une femme regarde vers le haut de la mâture du bateau avec des yeux exorbités de terreur. C'est la magie du cinéma ! Notre cerveau invente une scène qui est suggérée. C'est parfois plus terrifiant que de la voir en direct. C'est toute la magie du film *La Féline* de Jacques Tourneur (1952), dont le remake de Philippe Mora (1982) montre des scènes gore, et, franchement, c'est beaucoup moins bien réussi que celui de Tourneur ! J'insiste sur ce point : toute la magie du cinéma est là : créer dans l'imagination du spectateur des scènes qui sont hors champ...

Ensuite, les années suivant la vision de ce film, j'ai vu d'autres films de pirates avec des scènes de pendaison filmées directement. J'ai donc reconstitué mentalement et inconsciemment la scène du film de Raoul Walsh.

Pierre Dagon
Et en littérature ?

Alain Pelosato
Jusqu'à l'âge de 10 ans, je vivais avec mes parents et ma sœur dans une espèce de bidonville constitué d'une chambre et d'une cuisine. Mes parents avaient l'obsession de l'intégration. Ils voulaient être Français. On ne parlait jamais italien à la maison. Ma mère était illettrée, car sa mère (ses parents étaient des réfugiés politiques en Corse) ne l'avait pas envoyée à l'école, pensant qu'une fille n'avait pas besoin d'être instruite, mais devait aider à la maison. Mon père ne l'était pas, mais il n'avait pas un haut niveau d'instruction ; il n'avait jamais lu de livre, disait-il, il se contentait de lire des revues d'histoire. Mais néanmoins, ils s'étaient abonnés au Reader

Digest : tous les mois ils recevaient un livre regroupant deux ou trois romans. J'ai commencé à lire ces livres. J'ai le souvenir précis de deux d'entre eux : **Maison hantée** de Shirley Jackson (1959) (titre original : **The Haunting of Hill House**), et **Tu enfanteras dans la souffrance** de Thompson Morton (1954).

Le premier, écrit par une grande écrivaine d'horreur qui se prétendait une sorcière, a été adapté au cinéma par Robert Wise en 1963 sous le titre de **La Maison du diable** (Il y a eu un remake totalement différent **Hantise** de Jean de Bont en 1999). J'ai vu ce film bien plus tard, en 1971, sans savoir, avant de le voir, qu'il était tiré de cette œuvre. J'ai été très impressionné par ce film qui sut me terrifier... C'est curieux d'avoir retrouvé cette lecture de ma petite enfance dans un grand film.

Le deuxième, raconte le combat d'Ignace Philippe Semmelweis qui découvrit la cause de la fièvre puerpérale et proposa un remède simple et redoutablement efficace aux médecins et étudiants en médecine pour combattre cette maladie : se laver les mains à l'eau de Javel. Il se mit ainsi à dos ses supérieurs de l'hôpital et de la faculté ainsi que la plupart de ses collègues. Son combat ne fut pas vain, mais lui coûta la santé puisque, je crois me souvenir qu'il est mort en hôpital psychiatrique... Eh bien ce livre m'a définitivement placé dans le camp des féministes irréductibles...

Les lectures enfantines influencent grandement la vie culturelle de l'adulte.

Pierre Dagon

OK, ces lectures d'enfance t'ont marqué, influencé, façonné. Et ensuite ?

Alain Pelosato

Quand j'ai eu 10 ans, nous avons déménagé dans une maison ! Quel changement. C'était une maison jumelée avec celle de mon oncle, un frère de mon père. Ce dernier avait une collection complète des *Fleuve Noir* de SF ! C'était dans les années 58 à 71... Je les ai tous lus ! Tous les grands classiques de la SF française de l'époque. C'était bien, hélas, ça n'a pas duré... La SF française s'est laissé dévorer par la politique et nous n'en sommes pas encore sortis...

Pierre Dagon

Oui. Sans doute. Mais revenons au cinéma. En 1995, donc, tu te lances dans l'écriture de ton premier livre de cinéma : *Le Cinéma Fantastique*. Pourquoi cette date ?

Alain Pelosato

Eh bien c'est simple. Jusqu'à cette date, j'étais dévoré par la passion politique. J'étais communiste et hyper investi dans le militantisme. J'étais élu local, maire-adjoint de Givors depuis des années et j'avais encore bien d'autres responsabilités. J'en suis sorti mentalement à peu près à cette époque. En 2000 j'écrivis d'ailleurs mon livre *L'appareil* dans lequel je raconte ma sortie de cet enfer, que je compléterais ensuite par *Communisme, je m'en suis sorti* en 2011.

Mais revenons à 1995. En décembre de cette année, alors qu'Alain Juppé était Premier ministre et avait proposé une loi pour mettre au même niveau tous les régimes de retraite, les salariés ont suivi les mots d'ordre de grève des syndicats, CGT en tête, les cheminots étant à l'avant-garde de ce mouvement, on les comprend, étant donné les énormes avantages de leur régime de retraite par rapport aux autres salariés. Un mois de grève qui fut du pain béni pour moi qui pus ainsi me consacrer pendant ce court laps de temps à la mise en place et au démarrage de mon ouvrage.

Pierre Dagon
Tu ne l'as pas écrit en un mois quand même ?

Alain Pelosato
Non, bien sûr. Pendant ce mois, j'ai écrit le squelette de l'ouvrage, qui deviendrait une somme, toujours actualisée jusqu'au plus récent que j'ai publié cette année (2016). Il faut savoir qu'à l'époque il n'était pas facile de voir tous les vieux films de l'histoire du cinéma. J'étais par exemple fasciné par l'expressionnisme allemand. Mais je n'avais pas les moyens de me rendre à Paris, ou ailleurs, pour tenter de voir ces films. Mais j'ai eu de la chance, car, pas très loin de chez moi, à Valence, un service culturel a organisé un festival du film expressionniste avec la participation d'un grand pianiste pour assurer la musique d'accompagnement. Un régal ! Je fis donc le voyage en voiture tous les soirs pour voir quasiment

tous les films expressionnistes classiques... Voilà un exemple des nombreux moyens que j'ai utilisés. Mais il y avait aussi les cassettes VHS, les films à la télévision, et dans les salles d'art et essai. Aujourd'hui on peut trouver tout ce qu'on veut et c'est formidable... J'ai sorti ce bouquin en 1998...

J'ai donc passé vingt années à prendre des notes quand je regardais un film, ou certaines séries télévisées. Quand j'allais en salles de cinéma, c'était très dur d'écrire sur mon calepin dans l'obscurité. L'autre jour, j'avais été invité à Rennes pour parler cinéma et je disais aux amis présents : « J'en ai marre de prendre des notes en regardant un film ! » En fait, je me suis aperçu que je ne peux plus m'en passer ! Quand je regarde un film aussitôt il me vient des idées, des interprétations, des liens avec d'autres films, des références, et j'ai envie de le noter. C'est plus fort que moi...

Pierre Dagon
Tu disais que tu avais écrit d'autres essais que ceux sur le cinéma...

Alain Pelosato
Oui. Pendant trente années j'ai consacré ma carrière professionnelle à diriger une association de communes riveraines du Rhône (de la frontière suisse à la mer) dont l'objet était la défense de la nature et l'écologie fluviale, mais aussi les inondations, les aménagements, la navigation, etc. Je faisais un travail d'expertise auprès des maires des communes,

mais, aussi, je tissai des liens avec les simples riverains, les pêcheurs, les ouvriers des usines riveraines qui polluaient le fleuve, les fonctionnaires des services de l'État qui suivaient cette question, et tutti quanti. J'ai organisé de nombreux colloques, édité des bulletins d'information et participé à la réalisation de trois films reportage avec le grand cinéaste Paul Carpita.

De fait, bien que d'origine lorraine, je finis par être subjugué par ce fleuve. Il est devenu mon ami. Et toutes les traditions fluviales aussi, du pêcheur au pirate, du navigateur au simple riverain, du jouteur au sauveteur.

Je peux même carrément dire que j'avais toujours eu besoin d'écrire, mais que je ne savais pas vraiment quoi raconter. C'est pourquoi j'ai commencé mon travail d'écriture aussi tard dans ma vie : en 1992, à l'âge de 46 ans, avec mon livre **Vorgines** qui était un recueil de témoignages de riverains sur leur relation avec le fleuve et de nouvelles fantastiques de fiction sur le Rhône, car c'est un fleuve fantastique... Ce livre fut autoédité, mais remporta un franc succès. Ensuite, comme c'était le vingtième anniversaire de la création de l'association que je dirigeais sous la présidence du maire de Givors, Camille Vallin, j'écrivis un livre sur l'histoire de cette action, mon histoire en fait, intitulé **Au fil du Rhône histoires d'écologie** qui fut publiée aux éditions Messidor, la maison d'édition du PCF. Ce livre rencontra un grand succès, mais ne me rapporta aucun droit d'auteur, car les éditions Messidor au bord de la faillite ne me signèrent pas de contrat !

Je poursuivis ma carrière d'auteur écologique avec un livre plutôt touristique **Le Rhône fleuve lumière** publié aux éditions **Ouest-France** et ensuite, le **Que sais-je ?**, **Le Rhône,** chez PUF. Ce dernier connut bientôt des vicissitudes, car les PUF (**Presses universitaires de France**) étaient en redressement judiciaire et ont dû se débarrasser de la plupart de leur stock, et mon livre fut donc passé au pilon avec bien d'autres, alors que la maison d'édition fermait sa grande librairie parisienne...

1998, ce fut aussi l'année où je créais les éditions Naturellement avec le concours du MNLE (Mouvement National de Lutte pour l'Environnement). Je ne raconterai pas ici les terribles aventures de cette maison d'édition, car je le fais dans mon livre **Fandom**, qu'on peut lire gratuitement un peu partout et même acheter, et qui a été lu par 60 000 lecteurs, ce qui en fait un véritable Best-Seller, comme quoi, on peut être lu (sans gagner d'argent) par des milliers de gens sans passer par les librairies...

Pierre Dagon
Mais nombre d'auteurs rêvent de « vivre de sa plume »...

Alain Pelosato
Oui je l'ai constaté quand j'étais éditeur aux éditions **Naturellement**... D'abord, vivre de sa plume se mérite ! Ne vit pas de sa plume qui se contente de

l'exiger de l'éditeur ! Les lecteurs ont leur mot à dire. Ensuite, pourquoi « vivre de sa plume » ? Quelle petite vie celle qui consiste à vivre de sa plume alors qu'il y a tant de choses à faire dans la vie pour se rendre UTILE… Je n'ai jamais cherché à vivre de ma plume, et ceux des auteurs que j'ai connus qui en faisaient une hystérie me faisaient beaucoup rire. J'ai fait tant de choses que je n'aurais jamais faites si j'avais vécu de ma plume ! Je le répète, je parle de tout cela dans **Fandom**.

J'ajouterais juste une réflexion : tout est question d'argent ! Moi l'argent ne m'a jamais intéressé. En tant que communiste, je méprisais l'argent. Malgré mon niveau élevé d'études supérieures, je n'ai jamais gagné beaucoup d'argent, je ne me suis jamais vraiment occupé de gagner de l'argent. Or, comme je te l'ai dit ci-dessus, beaucoup d'auteurs venaient chez l'éditeur que j'étais pour gagner de l'argent. Or leurs livres ne se vendaient pas ! Comme ma maison d'édition ne gagnait pas d'argent, je ne pouvais pas leur payer des droits d'auteurs, comme, dans la dernière période, je ne pouvais pas payer non plus les imprimeurs… Évidemment, le fait que leurs livres ne se vendaient pas n'entraînait pas chez les auteurs une prise de conscience de leur manque de talent, ni chez le directeur de collection, **Marc Bailly**, la conscience de son incompétence. Ainsi, l'auteur du livre **Le meilleur tireur de l'est**, m'a envoyé deux lettres recommandées pour m'accuser de déclarer de faux chiffres de vente « ridiculement bas », avait-il écrit. Il ne se rendait même pas compte que le « ridicule » s'appliquait à lui-même. Pire même, un autre auteur, qui m'avait envoyé un manuscrit, m'a envoyé deux lettres recommandées pour m'obliger à éditer son livre pour lequel j'avais signé un contrat, mais pour des raisons que j'explique dans mon livre *Fandom*, j'ai été obligé, entre temps, de déposer le bilan de la société. J'ai été trompé, volé et c'est moi qu'on a traité de voleur !

Pierre Dagon
Quelle aventure, effectivement. Mais revenons à ton travail de créateur. Tu as écrit également des livres de fiction ?

Alain Pelosato
Oui, j'ai commencé par des nouvelles. Comme tout le monde. Puis j'ai été intéressé par les séries, genre MACNO ou L'Agence Akham. J'ai proposé de courts romans à ces deux séries, aucune des deux ne m'a répondu ! Jamais ! Je comprends alors que c'est une histoire de copains. Je ne fais pas partie de ce milieu.
À l'époque j'étais fils d'immigré communiste (ça, communiste, je ne le suis plus depuis près de vingt ans...)
Par exemple, j'ai écrit *La Compagnie des clones* pour la série MACNO. Mais je n'ai jamais eu de réponse. J'ai même téléphoné au responsable de cette série (je ne sais plus son nom, il travaillait dans une radio...) qui ne m'a dit ni oui ni merde... Finalement je l'ai publié aux éditions Naturellement. Du coup, évidemment, toutes les critiques du *Fandom* l'ont des-

cendu en flèche. J'ai honte pour eux de la manière dont ils m'ont traité... Même si ce qu'il a écrit est mauvais, on ne traite pas un auteur comme ça pour régler ses petits comptes mesquins... Ensuite j'ai écrit *Ruines* que j'ai publié directement aux *éditions Naturellement*, roman également descendu en flèche par les « critiques » du *Fandom* , mais très bien reçu par un spécialiste littéraire des vampires comme Jean Marigny.

Je sentais bien que cela était le début d'une série et j'ai écrit et publié la suite *Fleur de soufre,* qui, lui, a reçu de très bonnes critiques.

Pour revenir à *L'Agence Arkham*, c'était une série publiée par un éditeur qui a fait faillite depuis longtemps, et qui était dirigée par *Francis Valéry*. Je lui avais proposé un de tes livres sur le cycle de *Jean Calmet*, mais il ne m'a jamais répondu non plus... Je l'ai rencontré en 2015 dans une convention lovecraftienne et je lui en ai parlé. Sur cette série, j'ai un autre souvenir. Un jour, cet âne bâté de *Marc Bailly* me propose un petit roman de Roland Wagner, intitulé *Le Nombril du Monde*. J'en ai assuré la correction et, si *Roland Wagner* avait bien corrigé les noms des personnages, il en a oublié quelques-uns ce qui m'a donné la claire indication que ce court roman était destiné à l'origine à *L'Agence Arkham*, donc Francis Valéry l'avait refusé...

Revenons à nos moutons.

Ensuite, il m'a fallu mettre de l'ordre dans ma tête. Classer les choses dans l'énorme bibliothèque que j'ai dans la tête, une bibliothèque de livres, d'idées, d'expériences, utiles pour l'écriture. C'est là que j'ai eu l'idée géniale de confier la suite de ma série romanesque à quelqu'un d'autre : à toi !

Pierre Dagon
Tu as donc des rancœurs ? Tu as été blessé... Tu t'en es remis j'espère...

Alain Pelosato
Si tu veux appeler ça comme ça : oui. Un autre exemple. J'ai expliqué plus haut comment j'avais publié mon premier livre sur le cinéma, dont le titre est *Le Cinéma fantastique*. J'en avais envoyé un exemplaire à des journaux, à des correspondants, à mes connaissances. Le milieu universitaire l'a descendu sur le thème « *de quoi je me mêle toi qui ne fais pas partie de la bande des universitaires...* », un autre scribouillard qui n'a pas eu honte de venir rejoindre ensuite l'équipe de Sfmag (il est parti depuis suite à sa participation à la tentative de coup d'État contre moi...) m'a également éreinté et j'ai lu avec consternation une critique complètement à côté de la plaque, mais très méchante de **Jean-Pierre Andrevon** dans la revue **L'Écran Fantastique**. Le magazine à peine paru, Andrevon m'envoie un email pour me dire que ce n'était pas lui qui avait écrit la chronique... J'étais effaré par tant de haine et de mensonge. Pourtant je n'avais aucun litige ni quoi que ce soit contre **Andrevon**. Je l'avais même sollicité pour réaliser le dessin de couverture de ma revue *Écologie et Progrès*. Je ne comprenais pas toute cette agressi-

vité. Finalement j'ai compris il y a peu ! Andrevon voulait se présenter comme un spécialiste du cinéma fantastique et il était jaloux ! J'en ai vu pour preuve la sortie récente de son livre ***100 ans et plus de cinéma fantastique et de science-fiction*** édité par l'éditeur **Rouge Profond**… On voit qu'il a imité le titre de mon livre paru en 2004 aux éditions **Le Manuscrit** intitulé ***Un siècle de cinéma fantastique et de SF***… Carrément imité ! Avec Rouge Profond, je ne suis pas sûr qu'il vende, surtout au prix de 69 euros ! Donc en fait, tous ces gens étaient jaloux que je sois parvenu à réaliser ce qu'ils rêvaient de réaliser sans y parvenir…

Pierre Dagon
Tu as parlé de « coup d'État » contre toi ?

Alain Pelosato
Après le dépôt de bilan des éditions Naturellement, j'ai créé cette société ***sfm éditions*** en 2003 pour éditer Sfmag. Je me suis retrouvé seul avec l'équipe de rédacteurs fidèles. Mais tout le monde n'avait pas cette qualité, hélas. Il y avait aussi une équipe de bras-cassés autour de ***Jean-Pierre Fontana***, le bienheureux fondateur du ***Grand Prix de l'Imaginaire***. Tu connais, toi, des prix littéraires qui sont « petits » ? Il y avait aussi ***Michael Espinosa***. Peu après, je croulais sous les critiques négatives contre Sfmag : sa maquette, son contenu, rien n'allait. Il faut comprendre aussi que j'étais épuisé. Les péripéties des éditions Naturellement avec un ***Marc Bailly*** grand liquidateur,

qui est responsable du dépôt de bilan de trois maisons d'édition et après ma sortie du Parti communiste. Crois-moi, on ne sort pas facilement d'un parti totalitaire. J'ai d'ailleurs raconté mon expérience en ce domaine avec mon livre **Communisme, je m'en suis sorti**, enfin, bref, les derniers coups de boutoir de la bande à **Jean-Pierre Fontana** m'ont tué ! J'étais donc épuisé et je finis par chercher un moyen de refiler Sfmag à quelqu'un pour me reposer... Je proposai à cette équipe de bras-cassés de créer une association pour Sfmag et de confier la direction du magazine à **Jean-Pierre Fontana**. Cet obsédé des titres (au point d'en avoir créé un...) a magouillé ensuite pour que je disparaisse complètement de la circulation... Or j'étais propriétaire du titre et de la société d'édition (je le suis toujours) ! Je ne pouvais pas accepter d'être exclu ainsi. Donc je les ai envoyés paître, ils m'ont tous quitté. Bon voyage ! Je ne les ai jamais revus. J'ai bien constaté que **Fontana** a, depuis, trouvé un nouveau poste de directeur de revue chez **Eons** (je pense avec émotion à la mémoire de mon cher ami **Paul Alary** qui a fondé cette maison d'édition), il s'agit de la revue **Lunatique**. En allant voir le site des éditions Eons, je n'ai pas constaté que la venue de Fontana avait attiré les foules... Au contraire.

Enfin voilà : après toutes ces péripéties, tu pourras constater que je suis toujours là, que Sfmag se vend toujours en kiosque et a toujours de nombreux abonnés. N'en déplaise à ces culs serrés de **Bifrost** qui m'avaient octroyé leur prix **Le Grand Master**

Award 2004, je cite : « *une manière de gratin du gra-tin, est décerné à **Alain Pelosato** pour ses divers mes-sages internet essaimés à tout va, la fin de **Naturel-lement** (merci) et la survie de **SF-Mag** (dommage) le seul magazine en France qui ne sait même pas scan-ner une photo (...)* »

En fait, ils ne savaient pas que, jusqu'en 2004, ce n'était pas moi qui scannait les photos, mais **Marc Bailly** !

Faut dire que chez **Bifrost**, il y en a pour tout le monde. Tout ce qui n'est pas Bifrost est de la **M...**

Ainsi, je cite encore : « *Pour le **Razzie** de la pire non-fiction publiée dans l'année (...) nous aurions (...) pu gratifier les éditoriaux de la Revue **Asphodale** signés Lionel Davoust et France-Anne Ruolz, encore plus incantatoires et risibles que les atroces romans de fantasy francophone qui pullulent chez **Mnémos** (un peu), **Bragelonne** (de moins en moins) et **Net-siveqnen** (surtout), voire même saluer le baratin crypto-facho-parano de **Maurice G. Dantec** dans l'anthologie Noirs Complots... Mais c'eût été faire peu de cas de notre rayon de soleil trimestriel : le courrier des lecteurs de la revue **Galaxies**, un ramassis de mièvreries à faire pleurer **Candy** où, pour une mysté-rieuse raison, tous les correspondants ne peuvent s'empêcher de débuter leur lettre par « vous trouve-rez ci-joint mon chèque de réabonnement », formule tout de même vachement plus classe que « bonjour »... Un pur bonheur.* » Sympas les gars, hein ?

Pour en revenir à **Marc Bailly**, ou à ses sbires, je suis poursuivi sur **Amazon** par des types malintentionnés qui, systématiquement, rédigent des commentaires insultants à mon égard à propos de mes livres en vente, sans même les avoir lus. Quand je dis « insultant » c'est insultant... Plusieurs fois d'ailleurs, Amazon a supprimé certains de leurs messages.

Voilà donc les dernières nouvelles du **Fandom**. Toujours aussi nauséabondes, hélas.

Mais c'est la vie !

Pierre Dagon

Ben dit donc, c'est impressionnant ! Il y a bien des gens ignobles dans ce milieu...

Alain Pelosato

Oui, comme tu dis. Mais parlons un peu de toi. Par quoi es-tu inspiré dans les histoires que tu racontes ?

Pierre Dagon

Eh bien, comment dire... Je suis passionné par l'œuvre de **Lovecraft**. J'avais donc l'idée de « lovecraftiser » ton univers **Jean Calmet**, univers dont tous les soubassements étaient bien lovecraftiens, mais au second degré. Mon boulot a été de faire remonter Lovecraft à la surface. Ai-je réussi ?

Alain Pelosato

Je crois que oui... Certains critiques t'ont reproché d'avoir donné un contenu scientifique à une de tes nouvelles dans le recueil **Lovecraft est parmi nous**... Bizarre comme remarque. Certains vont chercher dans l'absurdité toute occasion de médire.

Pierre Dagon

Oui, j'ai lu ça et ça m'a bien fait rire. Ils me reprochent d'avoir introduit de l'astronomie dans un roman, se demandant quel rapport avait l'astronomie avec Lovecraft. C'est un comble ! Il n'y a pas plus astronome que Lovecraft ! Et **Yuggoth** ? Et les **Anciens** à la tête étoilée ? Et **La couleur tombée du ciel** ? Et **Cthulhu** ? Et **l'alignement des étoiles** ? et **Ceux du dehors** ? Il y a tout cela dans le premier roman du recueil...

De même le même « chroniqueur » se demande ce que vient faire la sorcellerie dans ce recueil alors qu'il met en scène **Keziah**, la sorcière de **La maison de la sorcière**, ainsi qu'un inquisiteur ! C'est dans le premier roman du recueil : **Lovecraft à Espérance**. Visiblement ce chroniqueur d'un site qui se veut spécialiste de Lovecraft et son œuvre n'a pas lu le livre qu'il a chroniqué, comme ça arrive souvent, hélas.

J'ai toujours été fasciné par la sorcellerie. Il existe un livre de démonologie intitulé **Le Marteau des sorcières**, écrit par deux inquisiteurs **Henri Institoris** et **Jacques Sprenger,** dont le titre original est **Malleus Maleficarum** et qui date du XVe siècle. Il ne fut pas le premier, d'autres manuels de chasse aux sorcières l'ont précédé, mais ce *Malleus Maleficarum* eut un grand succès de librairie et fut LE manuel de base de la chasse aux sorcières. Il a été rédigé à partir des « témoignages » de ces pauvres femmes torturées à mort et qui racontèrent à leurs bourreaux ce qu'ils voulaient entendre... Ce qui donne à ce « manuel » un air d'authenticité maléfique extraordinaire. Lis-le !

Il est disponible par exemple chez l'éditeur **Jérôme Million**.

Alain Pelosato
Bien ! bien ! Que penses-tu de tous ces essais sur le *racisme* de Lovecraft ?

Pierre Dagon
Ça m'agace !

D'abord, rappelons-nous, qu'à l'époque de **Lovecraft**, les États-Unis étaient un pays raciste. Ce pays a une courte histoire (ce qui gênait Lovecraft, qui se prétendait plutôt Anglais, donc d'un pays avec une longue histoire) dont une part importante était basée sur l'esclavagisme qui profitait aux éleveurs de coton sudistes, mais aussi aux chefs de tribu d'Afrique de l'Ouest qui vendait leurs esclaves aux Blancs et aussi aux Arabes, esclavagistes depuis bien plus longtemps que les Américains...

Donc, au début du XXe siècle, l'Amérique était raciste. Il aura fallu attendre 1962 pour que les Noirs aient les mêmes droits que les Blancs. Encore fallut-il (et il le faut encore) bien des combats pour que ce principe fût appliqué...

Alors, pourquoi insister sur le « cas » de **Lovecraft** qui était, en fait un raciste parmi des millions d'autres...

À partir de là, il est trop facile de détecter dans ses œuvres un racisme qui n'existe pas, en s'appuyant notamment sur ses lettres privées, dans lesquelles il crachait un racisme vécu comme une compensation de l'injustice qu'il ressentait concernant son propre destin. Et comme le souligne William Scnabel dans sa thèse sur Lovecraft, ce dernier n'a jamais milité publiquement pour un racisme quelconque et a toujours manifesté dans sa vie publique une correction à toute épreuve. Mais cette correction nécessaire de l'écrivain de **Providence** n'enlève rien à l'agressivité étonnante de Schnabel contre Lovecraft et son soi-disant racisme, allant jusqu'à justifier ses accusations, à propos du **Cauchemar d'Innsmouth,** en expliquant que l'horreur développée par Lovecraft dans cette nouvelle sur le métissage des hommes avec les... poissons expliquait son horreur du métissage et donc son racisme ! Pour ne pas être raciste, il faut accepter le métissage avec les... poissons ?

Ces pourfendeurs de Lovecraft vont plus loin. L'écrivain a épousé une Juive, Sonia H. Greene. Au lieu d'écrire que le fait d'épouser une Juive montrerait que Lovecraft n'est pas raciste, Schnabel insiste surtout sur le fait que le mariage n'a pas duré longtemps, ce qui montrerait le racisme de l'époux. Quel acharnement. J'en ai autant à dire sur l'opuscule intitulé **Lovecraft le dernier puritain** de **Cédric Monget** publié chez **La Clé d'argent**. Dans ta chronique de ce livre dans Sfmag, tu écris justement que l'auteur assène que les **shoggoths** seraient pour Lovecraft « *une allégorie (...) des noirs américains, mais aussi des non-Anglo-saxons* ». Et ceci, dis-tu, sans apporter la moindre preuve ni le moindre étaiement ; ne seraient-ils pas tout simplement une allégorie de l'espèce humaine qui s'avilit face à plus grand qu'elle ?

Alain Pelosato
En fait, ce qui t'intéresse aussi dans l'œuvre de Lovecraft c'est le lien entre l'horreur cosmique, les récentes découvertes scientifiques de son époque et l'avilissement de l'espèce humaine ?

Pierre Dagon
Exact ! Lovecraft disait à travers ses fictions :

1) L'espèce humaine est une sous espèce soumise autrefois à des « dieux » puissants, le mot « dieu » est entre guillemets, car en fait, ce sont des êtres supérieurs et malfaisants, non pas en soi, mais vis-à-vis des humains.

2) Ces horreurs maléfiques, blasphématoires, sont reléguées dans d'autres espaces-temps, sur d'autres planètes, ou au fond de l'océan. Mais, gare ! un jour elles reviendront, car certains humains sont assez bêtes pour les servir et préparer leur retour.

3) Les découvertes scientifiques sont redoutables, car elles permettront inéluctablement de dévoiler ces terribles secrets et de créer les conditions de leur retour.

4) De fait, ce n'est pas que Lovecraft soit raciste dans ses œuvres, c'est qu'il y méprise l'espèce humaine en entier.

Voilà donc comment j'intègre la mythologie lovecraftienne dans mes fictions :

1) Les découvertes scientifiques modernes (mécanique quantique, relativité) donnent un début d'explication aux mystères de l'univers : mondes parallèles, différents espace-temps, passages d'un monde à l'autre, non-localité quantique,

2) Les planètes du système solaire découvertes par les vaisseaux spatiaux contemporains « réveillent » les entités lovecraftiennes, les découvertes scientifiques ouvrent la voie à la destruction de l'humanité,

3) *Garand* reste la marionnette du *Grand Architecte* qui lui confie des missions autant étranges qu'incompréhensibles,

4) L'énergie du vide reste le lien entre tous ces mondes (dernier roman *Yuggoth et Titan*) et des êtres malfaisants profitent des passages gardés par *Garand*, mais qu'il se doit d'utiliser un jour et l'autre et donc de créer une possibilité.

Voilà résumée la nouvelle bible de la série !

Alain Pelosato

Dans *Ruines* j'avais indiqué que les « passages » entre les mondes étaient maintenus seulement s'ils étaient régulièrement utilisés. C'est un peu le principe de « non-localité » de la mécanique quantique, principe que *Schrödinger* a illustré avec son expérience de pensée appelée désormais « Le chat de Schrödinger » : le chat est mort ou vivant seulement si on ouvre la boîte dans laquelle il se trouve avec une chance sur deux de mourir ! Mais tant qu'on ne l'ouvre pas, il est les deux à la fois. Attention à la subtilité de la chose, souvent les gens racontent cette histoire de chat en disant « on ne saura si le chat est mort ou vivant que si on ouvre la boîte » ! C'est très naïf : évidemment qu'on ne pourra pas voir au travers de la boîte pour le savoir. La question n'est pas de le savoir, la question est que tant qu'on n'ouvre pas la boîte, *le chat y est à la fois mort et vivant* !

Il faut savoir que *Schrödinger* a raconté cette histoire de chat pour ridiculiser ce principe de la mécanique quantique qu'il ne pouvait admettre (comme *Einstein*, d'ailleurs, qui tentera de le démolir avec son *principe EPR*...) et qui est maintenant reconnu par tous les physiciens, et de plus en plus validé par de nombreuses expériences.

Ce principe de « non-localité » se retrouve aussi dans ce qu'on appelle « l'intrication » de deux particules. Prenez deux particules « mariées » quantiquement, éloignez-les l'une de l'autre d'un milliard de kilomètres, une fois loin l'une de l'autre, quand vous modifiez l'une (par exemple sa polarité pour un photon) l'autre se modifiera de la même manière instantanément.

Ce sont tous ces principes de la mécanique quantique et aussi de la relativité que nous appliquons dans nos fictions du cycle Jean Calmet.

Pierre Dagon

Effectivement ! Je crois que Lovecraft les appliquait aussi, inconsciemment ou non. La mécanique quantique était connue à l'heure de sa mort puisque la découverte de **Planck** date de l'an 1900. De même que les deux théories d'Einstein, la relativité restreinte en 1905 (mais aussi, cette année-là, la mécanique quantique qui lui a valu le prix Nobel) et la relativité générale en 1915. Je n'ai pas connaissance que **Lovecraft** ait fait allusion de ces découvertes dans sa correspondance privée. Mais on les voit dans ses allusions « mystérieuses » dans toute son œuvre. On sait qu'il a toujours voulu placer ses fictions au cœur des découvertes de l'époque, comme celle de **Pluton** (**Yuggoth**) et celle de l'**Antarctique** (**Les montagnes hallucinées**). Aucun « spécialiste » de Lovecraft, à ma connaissance n'évoque cette question.

Alain Pelosato

Une autre conséquence d'un principe de la mécanique quantique, c'est l'**énergie du vide**. C'est ce que Garand explique à **Alice** dans **Yuggoth et Titan**. L'énergie du vide s'explique par le principe d'incertitude d'**Heisenberg**. Ce principe dit qu'on ne peut pas connaître à la fois les coordonnées d'une particule et sa vitesse. Ce qui fait que le vide crée constamment des particules virtuelles qui s'annihilent de manière continue, sauf au bord des trous noirs, car l'une des deux particules créée ex nihilo tombe dans le trou noir et celle qui reste dans notre espace-temps n'est plus annihilée et constitue ainsi la production d'énergie d'un trou noir. C'est **Stephen Hawking** qui a découvert cela. C'est ce qu'on appelle aussi l'**indiscernabilité**.

Toutes ces histoires complexes sont la base de nos fictions de la série *Jean Calmet*.

Pierre Dagon
Mais attention, n'ayez pas peur, il n'est nul besoin d'avoir son agrégation de physique pour lire nos histoires. Tout est compréhensible et, quand c'est parfois expliqué, c'est juste une manière de montrer au lecteur qu'on ne se fiche pas de lui, mais qu'on tire nos histoires fantastiques des découvertes scientifiques du XXe siècle, qui sont intrinsèquement des *découvertes fantastiques*.
Figurez-vous, chers lecteurs, que la science est fantastique, et, quand on fait de la SF avec les sciences d'aujourd'hui, c'est très fantastique !

Pierre Dagon
Venons-en à un autre aspect de l'œuvre de Lovecraft, l'aspect *social*.

Alain Pelosato
Effectivement, ceci est très intéressant. Explique-toi, c'est passionnant !

Pierre Dagon
Lovecraft parle beaucoup de la misère des gens, des petites gens, des gens isolés dans des campagnes effrayantes (surtout dans sa période avant son séjour à New York, période où l'influence d'*Arthur Machen* était importante). Dans ces fictions, il pousse cette misère jusqu'au bout. Et, du coup, certains interprè-

tent ceci comme du racisme en faisant le lien avec les déclarations privées de la correspondance de Lovecraft. Ce qui n'est pas faux, mais doit être nuancé. En effet, ce racisme qui imprégnait l'ensemble de la société américaine, comme nous l'avons dit plus haut, était aussi basé sur la crainte de voir la civilisation mise en danger par l'afflux important d'une si grande misère humaine. Je crois que ce n'est pas défendre le racisme que d'affirmer cela, mais c'est défendre une approche scientifique et sociale de l'œuvre de Lovecraft. C'est aussi ce que nous faisons dans notre cycle Jean Calmet, dans lequel nous ne craignons pas de décrire la situation parfois désespérée de certaines villes de France, comme celle où j'habite depuis maintenant 44 ans, situation qui n'a cessé de se dégrader tout au long de cette période...

Alain Pelosato
Oui, bien sûr. Et aussi l'histoire. On ne peut pas écrire de fiction sans s'inspirer de l'histoire. C'est le moment de questionner notre ami **Robert Neville** ?
Justement, puisqu'on parle de ma commune, je me suis engagé depuis 1973 dans l'action communale, et en 2011, j'ai eu envie d'écrire un livre sur les problèmes locaux, que je ne développerai pas ici, car ils pourraient ne pas intéresser les gens extérieurs à ma ville (tiens **Maville** ! C'est le nom que j'ai donné à un personnage de **Ruines**...) Comme j'écris dans de nombreux domaines, j'ai finalement choisi de demander à Robert Neville de le faire ! N'est-ce pas Robert ?

Robert Neville

Bonjour tous les deux ! Oui, tu as raison. Je me suis donc mis à écrire un petit livre Le *Livre Noir de la mairie de Givors*. Ville dont la décadence depuis des dizaines d'années ne va pas sans me faire penser à *Innsmouth*, sans, bien sûr, le métissage avec les poissons (rires), mais avec la fermeture des toutes les industries, la décadence humaine due à la concentration de la misère. J'aime beaucoup cette ville où j'habite toujours malgré, il faut le dire, de graves déboires que j'ai vécus avec la délinquance locale et que je raconte dans *Fandom*.

Je suis moi-même d'origine immigrée, et je n'ai pas eu besoin de prendre conscience que j'étais comme la plupart des habitants de cette ville, contrairement au personnage du *Cauchemar d'Innsmouth…* (rires)

Ainsi, alors que je me suis toujours évertué à combattre la délinquance en la traitant sans pitié, même si elle était l'œuvre d'enfants d'immigrés (car, je le rappelle, j'en suis un aussi), souvent, je me suis vu traiter de « sale Français ». Je prenais l'individu responsable de ces paroles racistes par le coude et lui demandais :

« Dis-moi, tu es né en France toi ?

- …
- Réponds !
- Je t'emmerde…

- Sois poli, je vais t'expliquer, tu vas vite comprendre, je réponds à ta place, tu es né en France, et tu es de nationalité française, tu es donc né de nationalité française… et tu es bien plus français que moi, car, quand moi je suis né, en France aussi, mes parents étaient de nationalité italienne et je suis né Italien !
- … ???
- Alors comment peux-tu me traiter de « sale Français » ????
- Ah je savais pas M'sieur… (Il devenait poli, du coup…) »

Voilà résumé la situation dans laquelle je vis depuis 44 ans !

Ces types dont je parle, ce sont des **Maghrébins**, des jeunes d'*origine algérienne*. Ils sont parfois insupportables, et quand je ne les supporte plus, je leur fais savoir. Cela m'a apporté de graves désagréments. Mais je n'ai jamais cédé, et je ne céderai jamais.

Je ne céderai jamais au racisme, car le racisme n'est pas la solution, et, en fait, ce sont un peu mes frères quelque part, car, quand j'étais jeune, j'étais comme eux.

Je ne céderai pas non plus au laissé aller. À la facilité : laisser ces jeunes s'enfoncer dans la délinquance sans rien faire, alors qu'ils le font en bas de chez moi. Et, croyez-moi si vous voulez, certains d'entre eux, plus qu'on ne peut le penser, parvenus à l'âge adulte, m'en sont reconnaissants ! Et une partie d'entre eux me l'ont dit…

Cela aussi ressemble aux fictions de Lovecraft comme *La Rue* ou *Horrreur à Red Hook*... Dans une fiction on montre une partie du réel. Le cadre est réel. Doit-on se censurer par peur d'être accusé de racisme parce qu'on décrit exactement des attitudes et qu'on attribue à des personnages des mots que certains utilisent réellement ?

Interview de

Howard Phillips Lovecraft

Par Pierre Dagon

Lecteur assidu et extrêmement attentif de Lovecraft, j'avais décrypté ses œuvres qui ne se contentaient pas d'être des histoires terrifiantes, mais donnaient des codes pour se repérer d'entre les Mondes. Enrichi par cette nouvelle science, j'avais demandé à un trio de détectives de se rendre sur la planète Yuggoth au-delà de Pluton pour récupérer un des cylindres que **Ceux du dehors** utilisaient pour conserver vivant le cerveau de ceux à qui ils accordaient l'immortalité.

Si **Lovecraft** a raconté ce genre d'histoire, ce n'est pas pour rien : il avait tout simplement dit la vérité toute simple. La mort précoce de l'écrivain avait permis à *Ceux du Dehors* de récupérer ce petit génie.

La jeune et belle Alice est fille du couple des détectives Jean et **Véronique Calmet**. Elle possède un pouvoir qu'elle avait obtenu de son père biologique, Jean n'étant que son père adoptif. Elle est capable de se rendre sur tous les Mondes qu'elle souhaite rejoindre, encore faut-il qu'elle en rencontre les moyens matériels. Ce moyen ; elle le découvrit dans l'œuvre même de Lovecraft. Ce fut le puits de "La Couleur tombée du ciel". Elle se rendit sur **Yuggoth** et ramena le cylindre contenant le cerveau vivant de HPL !

Me voici donc en sa possession ! Ce cylindre, une fois branché à des appareils adéquats me permet de converser avec Howard Phillips Lovecraft lui-même (HPL)[1]

Il m'a fallu bien des mois pour parfaire son éducation et sa connaissance du monde moderne. Non pas que ses connaissances fussent inférieures à celles d'aujourd'hui, mais elles étaient différentes... Juste une question de vocabulaire, de connaître la signification exacte des mots. Il apprend très vite.

Nous avons mis au point ensemble une interface entre lui et un simple ordinateur de bureau ce qui lui permet d'être branché sur le web en continu grâce à l'ADSL.

Notre seul problème est de rester discrets, de ne pas se faire remarquer par les pirates du web et autres chevaux de Troie. D'où l'installation de divers pare-feu, antivirus et autres logiciels de défense dans l'ordinateur qui relie HPL au reste du monde.

Howard a accepté de répondre à quelques-unes de mes questions. Une interview exclusive du « reclus » de Providence.

---

[1] Voir « Ruines » d'Alain Pelosato et sa suite « Fleur de soufre » du même auteur et surtout, mon court récit « Lovecraft à Espérance » publié par science fiction magazine dans son hors-série Sfmag présente N° 10.

Bonjour Howard. Merci de m'accorder cette interview exclusive et de m'autoriser à la publier.

Il n'y a pas de quoi, tout le plaisir est pour moi Pierre, car c'est grâce à toi que j'ai été soustrait à *ceux du dehors*.

Depuis ton retour tu as eu le temps de prendre connaissance des événements de notre époque. Nous parlerons tout à l'heure des guerres que l'humanité a connues et des violences actuelles. Je voudrais d'abord connaître ton sentiment sur la manière dont tes œuvres sont perçues aujourd'hui.

Eh bien je suis profondément étonné de voir comme mon nom est devenu connu d'un si grand nombre de lecteurs...
J'en suis même abasourdi. Il a fallu attendre ma mort clinique pour que mes livres connussent un intérêt dans le monde...

*Et que penses-tu des traductions en français de **Jacques Papy** ?*

Ma foi, on lui reproche de ne pas avoir respecté mes textes à la lettre, mais il a voulu, j'imagine, les respecter sur le fond. Et cela c'est bien. D'autre part, il a procédé à la traduction des versions fournies par **Akham House**, la maison d'édition d'**August Derleth**.

Ah? Bon… Il y a aussi eu des adaptations cinémato-graphiques… Aurais-tu imaginé que certaines de tes œuvres fussent adaptées au cinéma ?

Oui… Quand j'ai quitté ce monde, le cinéma n'était pas aussi – comment dire… - *évolué* qu'aujourd'hui… Quand j'ai vu les films ouvertement inspirés de mes œuvres, j'ai été saisi par la violence des images. Parfois, mes rêves prenaient réalité devant moi, mais parfois aussi, les scènes en étaient très loin… Et… aussi, certains films ont un contenu sexuel que je n'approuve pas… Je trouve cela très choquant.

*Certains pensent que l'influence de ton œuvre au cinéma va bien au-delà des films ouvertement inspirés de tes histoires. Par exemple les monstres des films **Alien** créés par un Suisse (**Giger**) seraient directement inspirés de tes monstres à toi.*

Sans doute… Mais mes monstres ne sont pas simplement des créatures conçues pour tuer… Ils sont des dieux ! Et ils existent. Même si la plupart des êtres humains ne connaissent pas leur existence. Voilà qui est terrifiant, non ?

Mais comment cela des dieux ? Je croyais que tu n'étais pas croyant ?

Non je ne suis pas croyant. Ces dieux-là ne sont pas comme Dieu, Allah ou Jéhovah. Ils ne sont pas spirituels, ils sont faits de matières - d'étranges matières, mais de matières quand –même...

*Dans **Les montagnes hallucinées**, tu décris l'autopsie d'une des créatures de ces mondes...*

Oui. J'ai eu l'occasion d'y participer en rêve. J'ai donc pu la décrire de manière précise.

En rêve ? Tu as beaucoup utilisé tes rêves pour créer tes fictions...

Comment ça mes « fictions » ? Ce ne sont pas des fictions, ce serait trop simple. J'ai couché sur le papier mes rêves. Or les rêves sont des messages d'autres mondes. Ce que j'ai vu dans mes rêves existe « ailleurs »...

Et aujourd'hui... dans ton... état actuel veux-je dire, rêves-tu encore ?

Oui, beaucoup. Mes rêves servent d'ailleurs beaucoup à tes enquêteurs...

*J'ai trouvé qu'un film (et avant lui la série de comics dont il est tiré) s'est bien inspiré (sans le dire ouvertement) de ce court roman (**Les Montagnes hallucinées**). Qu'en penses-tu ?*

Tu veux parler du film ***Alien vs Predator***. Oui, effectivement, j'ai eu la même impression : le cadre de l'Antarctique, et des créatures venues du Cosmos qui s'affrontent. D'ailleurs tu disais qu'Alien était inspiré de mes créatures, mais **Predator** aussi avec ses espèces de tentacules sur la tête à la place de cheveux... Le cinéma a saisi l'aspect physique de mes « Dieux » et l'a adapté aux mythologies modernes des E.T. et soucoupes volantes.

*Auparavant il y a eu le célèbre **La Chose d'un autre monde** film tiré d'une nouvelle de Campbel, mais je trouve que cette nouvelle est inspirée de tes « **Montagnes hallucinées** »...*

Je n'ai pas vu le film, mais j'ai lu la nouvelle de **Campbel**. Elle semble évidemment directement inspirée d'un passage des « Montagnes hallucinées », celui où on découvre des corps congelés des entités extraterrestres qui disparaissent après réchauffement. Sacré Campbel ! (rires)

Puisqu'on est dans le cinéma, que penses-tu du film de John Carpenter « L'Antre de la folie » film dans lequel on peut dire que le cinéaste t'a carrément mis en scène ?

Oui. (Rires) En réalité, je n'étais pas aussi dur et viril... Mais il est vrai que la lecture de mes œuvres peut rendre fou et que si on réussit à les mettre en œuvre dans le monde réel elles ouvrent bien des portes comme tu as su les ouvrir toi-même. Mais attention !

Il faut aussi savoir les refermer… Ne pas ouvrir sans savoir refermer ! (rires)

*Le film « **Hellboy** » tiré d'un comic de **Mike Mignola**, commence par une citation du **Vermi Mysteriis**. Et les monstres ont de beaux tentacules…* [2]

Et il y a même un homme poisson ! Mais je n'aime pas le mélange avec la religion. Les bondieuseries (eau bénite, chapelets et croix) n'ont absolument rien à voir avec ma mythologie. Je ne voudrais pas qu'on m'attribue ces bondieuseries. Je suis un matérialiste convaincu.

*Oui, je comprends, on t'attribue des textes qui ont été en fait écrits par d'autres, comme **Masterton** qui t'attribue un texte dans « Manitou » alors qu'il a été écrit par **Derleth**. Comment prends-tu le fait qu'on appose ton nom à ces nouvelles et romans écrits par Derleth avec des notes que tu as laissées après ta « mort » ?*

Je peux remercier Derleth d'avoir permis de me faire connaître dans le monde entier. C'est grâce à lui. Mais il a imprimé dans les consciences une vision un peu déviée de mon œuvre… Il l'a prolongée, mais

---

[2] *Dans les froideurs de l'espace, les monstrueuses entités Ogdru Jahad – les 7 divinités du Chaos – sommeillent dans leur prison de cristal, attendant de revendiquer la Terre et d'enflammer les cieux.*

cette « prolongation » il en est le seul l'auteur. Je la respecte, mais rendons à César ce qui est à César...

*Comme le « mythe de **Cthulhu** » par exemple ?*

Oui.

Les mathématiques et les découvertes en physique ont, semble-t-il, joué un rôle d'inspiration assez fort dans ton œuvre ?

Certainement. Les mondes d'ailleurs, les « angles » incompréhensibles, sont des manifestations d'univers différents, de règles géométriques diffé-rentes. Ce sont les découvertes du dix-neuvième et du vingtième siècle.
De même que la structure de l'espace. Mes dieux sont ce qu'ils sont, mais la manière dont on les voit est ce qu'ils seraient s'ils vivaient dans notre univers. Dans le leur, disons avec une vision en adéquation avec leur géométrie, on verrait tout cela autrement.

Il y aurait donc plusieurs réalités possibles ?

Non, ce ne sont pas seulement des possibilités, plu-sieurs réalités existent ! D'ailleurs, actuellement les discussions philosophiques sur le réel vont bon train, car les découvertes de la mécanique quantique po-sent clairement le problème de l'existence de la « matière » telle qu'on l'avait imaginé jusqu'au début du vingtième siècle et depuis les découvertes de **Galilée** et **Newton**…

Ah ! Par exemple la « non-localité » quantique ?

La notion de « localisation » dans l'espace n'a plus aucun sens en mécanique quantique. Effectivement. Mais aussi la « localisation » dans le temps… C'est pourquoi mes dieux volent sur « la **lumière des étoiles** », ce qui correspond assez bien au fait que le photon (cette « particule » de lumière) évoluant à la vitesse de la lumière (cela va de soi !) et qu'à cette vitesse le temps n'existe plus, le photon n'a plus le sens du temps. Il confond passé, présent et futur… Étonnant, non ? Et cela ne correspond-il pas à toutes mes histoires ???

Et aussi la « téléportation » ?

Dès 1927, la physique quantique avait élaboré ses grands principes.
Et plus tard, on découvrit la "corrélation forte", qu'Einstein remit en cause dans la fameuse question de la réalité d'EPR, c'est-à-dire que deux particules liées à l'origine et séparées ensuite continuent à former un seul tout même si elles sont séparées de milliards de kilomètres… Si on modifie l'une l'autre se modifie également. C'est ce que tu appelles « téléportation »… Cette réalité a été démontrée expérimentalement par Alain Aspect il y a quelques années…

Donc tu disais que plusieurs réalités existent ?

Le paradoxe du « chat » de **Schrödinger** montre qu'en mécanique quantique, avant que l'observateur n'ait introduit son monde régi par la physique classique, eh bien un état ne peut être défini précisément. Le chat peut être à la fois mort et vivant ! Quand l'observateur observe, il voit alors un seul état : le chat est soit mort soit vivant... Certains apportent une explication à ce « phénomène » : quand l'observateur intervient, l'univers se divise en deux versions de lui-même, identiques excepté que dans l'un le chat est mort et dans l'autre le chat est vivant. Ces réalités alternatives ne sont pas parallèles, mais orthogonales à notre monde, des mondes perpendiculaires bifurquant "latéralement" sans le supra espace...

Ah ! Je vois, tes « incantations » représenteraient une symbolique de l'intervention de l'observateur dans le monde quantique ?

En quelque sorte oui. Il s'agit de trouver le moyen de passer dans ces univers « orthogonaux ». Les livres « maudits » seraient les traités de gestion de ces moyens...

Impressionnant ! Mais il y a quelque chose qui m'échappe. Tu as toujours en quelque sorte démon-

tré qu'aller à la découverte des mystères de la nature était dangereux pour l'homme…

A l'époque où je vivais, c'était effrayant de découvrir tout ce qui se découvrait. Encore aujourd'hui, un siècle plus tard, peu de gens ont vraiment conscience de cette révolution…

Cette crainte de la science n'est-elle pas à mettre en parallèle avec le soi-disant « racisme » dont on t'accuse ?

Effectivement, vu d'aujourd'hui, je fus raciste. Tu as raison, ce racisme était issu de la même crainte des révolutions inouïes que connut l'humanité à cette époque. La crainte actuelle du mondialisme participe du même problème : le refus de l'évolution de la civilisation… Cette crainte du brassage des peuples et des cultures…

Aujourd'hui, tel que je vis le monde, il ne peut s'agir que de rire de ces attitudes que j'avais à l'époque… En faire une doctrine contre mon œuvre est regrettable et cette doctrine fausse, car elle ne replace pas cette attitude dans le contexte de l'époque et du pays dans lequel je vivais… Un pays encore tout neuf, à peine sorti de l'esclavagisme, un pays justement constitué du brassage de peuples et ethnies…

SCIENCE FICTION

MAGAZINE

SF MAG

toutes les dimensions de l'imaginaire

DECOUVERTES

Jack Williamson
La Nef d'Antim
Gilmour
Apprendre à voler...
Captain America
Civiles Wars
Conan
Chevalier sans armure
Sire Cédric
Laurent Genefort
Yannick Monget
Liam Fitzroy

ET AUSSI... SÉRIES TV :
Chroniques de Shannara
Daredevil (2) - Damien
CHRONIQUES LIVRES & BD

INTERVIEWS

The Witch
Robert Eggers

X-Men
Apocalypse
Bryan Singer
James Mac Avoy

Alice de l'autre
côté du miroir
James Bobin
Helena Bonham Carter
Colleen Atwood

CHRONIQUE
The Witch

EXCLUSIF

TOUS LES SECRETS DU FILM AVEC DUNCAN JONES
PAULA PATTON & TRAVIS FIMMEL

DEUX MONDES, UNE SEULE TERRE.

WARCRAFT
LE COMMENCEMENT

SCIENCE FICTION MAGAZINE No 92 trimestriel juillet-août-septembre 2016

M 08614 - 92 - F: 6,00 € - RD

Lovecraft au cinéma

L'œuvre de Lovecraft est complexe. Sa mythologie forme un tout fascinant qu'on ne peut reconstituer qu'en lisant l'ensemble de ses textes. C'est une des raisons qui explique que le cinéma ne s'est intéressé à ses thèmes qu'assez tard, après la deuxième guerre mondiale. Ceci dit, on peut déjà retrouver la noirceur et le pessimisme profond de l'écrivain dans le cinéma expressionnisme allemand qui ignorait son œuvre. Ainsi, l'univers non euclidien des décors du film *Le Cabinet du docteur Caligari* (1920 – Robert Wiene) ressemble beaucoup à ces mondes de l'au-delà décrits maintes fois par l'écrivain.

Avec la transformation de l'espace, Lovecraft[3] affectionne aussi les transformations physiques. Ce qui est terrifiant chez lui, c'est qu'il base toute sa mythologie sur un matérialisme affiché. Ainsi, je rappelais dans un précédent article[4] : « *Lovecraft s'est mis lui-même en scène avec son personnage d'Herbert West, le réanimateur de cadavre. Dans cette œuvre, il affiche donc ses convictions philosophiques : "West était matérialiste. Il ne croyait pas à l'existence de l'âme et attribuait tous les effets de la conscience à* »

---

[3] J'utiliserai souvent les initiales HPL...

[4] « Lovecraft et la nature » dans « Fantastique, des auteurs et des thèmes », éditions Naturellement 1998. Ce texte est reproduit ci-dessous.

des phénomènes physiques". » Cette transformation physique n'est pas réservée à un pécheur ou à quelqu'un qui l'a bien cherché. Non ! Cela pourrait arriver à n'importe qui, car c'est dans la nature même que se cachent les plus indicibles horreurs...

Le premier film fondamentalement lovecraftien est sans conteste : *Le Monstre* (1955 – Val Guest), qui raconte comment une expédition spatiale rencontre une entité qui détruit deux spationautes et transforme petit à petit le survivant revenu sur Terre en monstre. Dans sa nouvelle *Arthur Jermyn*, HPL déclare : « *La science, dont les terribles révélations déjà nous accablent, sera peut-être l'exterminatrice définitive de l'espèce humaine – en admettant que les êtres appartiennent à des espèces différentes – et si elle se répandait sur la terre, nul cerveau n'aurait la force de supporter les horreurs insoupçonnées qu'elle tient en réserve.* » Voilà une peur qui sied bien aux terreurs des années cinquante, après la bombe atomique et au début de la conquête de l'espace... Une époque charnière dans laquelle les craintes de l'espèce humaine rencontrent celles qui ont été exprimées par un écrivain quelques dizaines d'années plus tôt alors qu'il était le seul à les ressentir.

La science et ses découvertes est mise en cause dans la série de films des *Quatermass*, série qui a débuté par *Le Monstre,* film qui assura le succès de la Hammer, cette compagnie anglaise qui poursuivit sa quête du fantastique en adaptant de nombreuses versions de Dracula et Frankenstein (mais ceci est une autre histoire...) Quatermass est un scientifique sans peur et sans reproche, impitoyable en ce qui concerne les éventuelles conséquences de ses découvertes. Dans *La Marque* (1957 – Val Guest), les êtres humains soumis aux monstruosités du cosmos présentent tous la même marque. C'est le moins lovrecraftien des films de la série. Par contre, le suivant, encore plus terrifiant (*Les Monstres de l'espace* (1967) de Roy Ward) met en scène une découverte archéologique dans les travaux du métro : un engin spatial habité de vieilles entités qui sont alors réveillées et menacent l'intégrité de notre monde ! Ça c'est de la science-fiction !

Il fallut d'autres cinéastes indépendants des valeurs hollywoodiennes pour continuer à adapter les œuvres de cet écrivain maudit, dont les thèmes se situaient à l'époque tout à fait en dehors des normes du cinéma officiel. On en trouvera un du côté italien avec *Caltiki, monstre immortel* (1959 – Riccardo Freda). Certains insinuent que Freda abandonna le tournage en cours et que ce fut Mario Bava qui prit la relève. Quoiqu'il en soit, l'auteur du *Masque du démon* (1960) n'est pas crédité au générique. Il est facile de reconnaître dans Caltiki une ressemblance avec le dieu immortel de Lovecraft, le grand Cthulhu... L'histoire raconte la découverte au fond des eaux d'un monstre qui, irradié ensuite, se développe et met la Terre en danger. Le scénariste rassemble ainsi la mythologie lovecraftienne avec la terreur moderne de l'atome. On retrouve bien la peur de la science et de la découverte. Pour figurer Caltiki, le cinéaste a acheté une panse de vache chez le charcutier du coin (on reconnaît bien l'organe dans le film, et non pas des « *tripes à l'italienne* » comme je l'ai lu quelque part : encore un critique qui parle d'un film sans l'avoir vu !)...

Tous les films adaptant les œuvres de Lovecraft auront cette caractéristique commune à ces quatre films précédents : ils seront réalisés et produits par des cinéastes et des producteurs indépendants et libres de l'influence des majors.

On ne peut pas trouver plus libre et indépendant que Roger Corman. C'est lui le premier qui adaptera directement une œuvre d'HPL, son seul court roman : *L'affaire Charles Dexter Ward* (1928) auquel il rajoutera quelques éléments d'autres histoires pour en faire un film dont l'affiche mêlera les noms de Lovecraft et Poe, bien que ce dernier n'ait vraiment rien à voir avec l'histoire. Mais à l'époque, Lovecraft était un inconnu... Ce film s'appelle tout simplement : *La Malédiction d'Arkham* (1963).

Ce fut alors le signal pour d'autres adaptations. Jesus Franco (dit Jess Franco) adapta le premier plusieurs nouvelles dans *Necronomicon* (1967). Plus récemment, Brian Yuzna, Shushuke Kaneko et Christophe Gans firent de même avec un autre *Necronomicon* (1993) composé de trois nouvelles terrifiantes : *Celui qui chuchotait dans les ténèbres, Air froid, et Les Rats dans les murs*.

Un autre cinéaste indépendant, Stuart Gordon, venu du théâtre, adapta deux œuvres d'HPL : la série des *Herbert West, réanimateur* (1922) avec le film *Reanimator* (1985), la nouvelle *De l'au-delà* (1920) avec le film *Aux Portes de l'au-delà* (1986). Puis, imitant en cela James Whale avec sa *Fiancée de Frankenstein* (1935) le plus qu'excessif Brian Yuzna inventa une fiancée au réanimé avec *Re-animator 2*, puis il réalisa une autre suite *Beyond re-animator* (2003) où Herbert West sévit dans la prison dans laquelle il a été enfermé...

J'ai trouvé d'autres films dont l'histoire est directement tirée de l'œuvre d'HPL, mais non diffusés en France : *House of the End of the World* (1965) de Daniel Haller, qui ne semble pas tiré du magnifique roman de Hogdson, mais de la nouvelle *La Couleur tombée du ciel* ; *La Malédiction des Watheley* (1966) de David Greene d'après *La Chambre condamnée*; *The Dunwich Horror* (1969) de Daniel Haller; *The Resurrected* (1991) de Dan O'Bannon d'après *L'affaire Charles Dexter Ward*.

Ensuite, de nombreux films fantastiques de terreur ont été influencés par l'œuvre de l'écrivain sans y faire strictement référence. John Carpenter, le cinéaste mal aimé de l'Amérique en a réalisé deux. *Prince des ténèbres* (1988) qui met en œuvre une très vieille entité maléfique cachée dans la cave d'une église et qui, réveillée, transforme les êtres humains et ouvre un passage vers d'autres espaces terrifiants. *L'antre de la folie* (1994) met en scène l'écrivain lui-même avec ses monstres, mais jamais il n'est nommé. Sam Raimi reconstitue l'ambiance des histoires d'HPL dans *Evil Dead* (1982) film qu'il a voulu parodique, mais qui est (malgré lui ?) terrifiant. Les monstres nés dans la poitrine de spationautes – depuis *Alien* (1979) de Ridley Scott jusqu'à *Alien : Covenant* du même *(6ème* film de la saga - 2017*)* – sont directement inspirés de ceux d'HPL. (Et aussi *Alien contre Predator*).

Lucio Fulci, le spécialiste de l'horreur mort-vivante est certainement très influencé par HPL. Ainsi, dans son film *Frayeurs* (1980), l'histoire se passe dans la bonne ville de Dunwich bien connue des héros de Lovecraft... Fulci poursuit cette inspiration lovecraftienne avec les deux films suivants de sa trilogie : *La Maison près du cimetière* (1981) et *L'au-delà* (1981).

Enfin, ne retrouve-t-on pas les hommes-poisson d'HPL dans le personnage de *L'étrange créature du lac noir* (1954) de Jack Arnold ?

Le cinéma fantastique tout récent n'échappe pas à l'influence du grand HPL. Même si l'ambiance est plus moderne. Ainsi les monstruosités terrifiantes venues de l'au-delà dans *Event Horizon* (1997) de Paul Anderson sont plus lovecraftiennes que diaboliques. La mythologie d'HPL n'emprunte en aucun cas ses thèmes et ses personnages aux mythes judéochrétiens, car Lovecraft est matérialiste. C'est pourquoi on classe souvent son œuvre dans la catégorie de la science-fiction. Enfin, *Un Cri dans l'océan* (1997) de Stephen Sommers, reprend directement le mythe de Cthulhu, monstre terrifiant remonté des profondeurs.

La télévision est bien plus prudente vis-à-vis d'HPL, l'écrivain reclus de Providence. C'est qu'il faut respecter un nivellement qui puisse plaire au maximum de téléspectateurs. Ce que peut se permettre le cinéma indépendant, la télévision ne le peut pas. Néanmoins, les scénaristes ont certainement lu les œuvres du grand maître d'Arkham et en subissent aussi les influences. J'ai trouvé cette dernière dans *Babylon 5, la cinquième dimension* de Jesus Trevino, film TV dans lequel "La Porte va s'ouvrir" ...

On retrouve aussi les ingrédients du chaudron de l'imaginaire lovecraftien dans certains épisodes de *Au-delà du réel*, bien que ce titre ne soit pas très lovecraftien...

L'œuvre marginale d'un reclus matérialiste (et aussi raciste) est devenue aujourd'hui une référence et ses livres se vendent toujours comme des petits pains. Ce ne fut pas toujours le cas... Le cinéma officiel a toujours refusé de s'emparer de ses récits. Pas assez grand public, certainement. Il a fallu des cinéastes indépendants pour le faire. Aujourd'hui, un film demande un investissement énorme. Mais les effets spéciaux permettent mieux qu'autrefois de reconstituer les mondes et les monstres de Lovecraft

De la suggestion, nous passons à l'apparition du monstre. La porte de Stephen King est-elle ouverte ?

Les histoires d'**aberration**, spécialité du grand Lovecraft, sont bien représentées par les films qui ont tenté de reprendre les œuvres de cet écrivain. Par exemple, *Aux Portes de l'au-delà* (1986) de Stuart Gordon, *Prince des ténèbres* (1988) et *L'antre de la folie* (1995) de John Carpenter. Tous trois font appel à des mondes parallèles habités par des monstruosités sans nom. Pourtant, ils ne se classent pas de la même manière. Le film de Stuart Gordon participe à la catégorie du fantastique psychologique, car les expériences du professeur n'impliquent que lui-même, son assistant et la psychiatre, jouets des entités de l'au-delà. Il en est de même de *Prince des ténèbres*, dans lequel il s'agit de faire venir de l'au-delà une entité dévastatrice, celle-ci n'est que la représentation des hantises personnelles et cauchemardesques des individus, même si l'histoire est habillée d'un jargon scientifique. Nous sommes bien près d'une diablerie qui renvoie à la possession de notre conscient par notre inconscient. Les nonnes qui faisaient des rêves érotiques ne se croyaient-elles pas elles-mêmes possédées par le diable ? Par contre, *L'antre de la folie* traite du même thème, mais sur un mode social, car il s'agit de déstabiliser et détruire la société humaine grâce au roman fantastique d'un écrivain inquiétant.

Les œuvres de Lovecraft comprennent également des histoires de **morts-vivants** avec *Herbert West, réanimateur*, adaptées à l'écran par Stuart Gordon dans son film *Re-animator* (1985) qui ne restitue pas vraiment l'atmosphère de l'écrivain de Providence qui avait écrit ces nouvelles sur commande : quand on est poursuivi par de méchants personnages, il est particulièrement pénible de les voir resurgir réanimés par le produit miracle de l'étudiant West.

L'écrivain qui a le mieux traité du **cauchemar** est sans conteste Lovecraft et le cinéaste, Wes Craven avec son *Les Griffes de la nuit* (1984). Mais, y a-t-il un lien entre les deux ? Wes Craven répond oui dans son dernier, *Freddy sort de la nuit* (1994). L'intrigue s'y déroule alors que des tremblements de terre se produisent à répétition. Or, tous les lecteurs de Lovecraft savent que le grand Cthulhu reviendra lors de tels séismes. Simple coïncidence dirions-nous. . Et non ! Car Wes Craven lui-même, qui joue son propre rôle dans ce film, cite ses sources lors d'une conversation avec l'actrice Heather Langenkamp qui joue également son propre rôle.

Wes Craven :

— *J'y vois une... une entité. Elle est vieille, très très vieille. Elle a traversé l'histoire sous différentes formes. Il y a une chose qui ne change pas dans tout ça, c'est sa raison d'être.*

Heather Langenkamp :

— *C'est-à-dire ?*

— *Le meurtre de l'innocence [...] Elle peut, dans certains cas être capturée.*

— *Capturée ?*

— *Par les auteurs de toutes ces histoires. Quand ils tiennent une bonne histoire, ils en capturent l'essence même et ensuite, ils la retiennent prisonnière dans le récit. [...] Les problèmes viennent quand l'histoire s'arrête [...] sa mort libère le mal.*

— *Conclusion : Freddy serait cette entité ?*

— *Ouais, nouvelle version.*

Certains verront le diable dans cette entité. Le cinéaste cite le conte *Hansel et Gretel* et, comme la sorcière de ce conte, la fin de Freddy dans un four où on le voit reprendre l'apparence de Satan, semblerait le confirmer. Mais Wes Craven a bien pris soin de ne parler que d'entité... Donc laisse la porte ouverte à toutes les interprétations. Les films de Freddy sont vraiment terrifiants, car le monstre sanguinaire apparaît grâce aux cauchemars des personnages, rêves se matérialisant de manière épouvantable.

La Hammer avait contribué largement à changer l'image un peu niaise du scientifique avec sa série des *Professeur Quatermass*. Ce dernier, dans le premier film de la série : *Le Monstre* (1955) de Val Guest, envoie une fusée dans l'espace. Mal lui en a pris, car cet engin rencontre une entité (lovecraftienne) qui tue les passagers sauf l'un d'entre eux qui revient avec en lui toutes les données de sa future transformation en monstre. Ici, le professeur joue un personnage impitoyable, seulement motivé par ses recherches et totalement dénué de tout scrupule dans la mesure où ses recherches sont en jeu. Ce trait de caractère se poursuit dans les deux films suivants : *La Marque* (1957) de Val Guest, dans lequel les extraterrestres (toujours aussi lovecraftiens) installent des bases sur Terre, et *Les Monstres de l'espace* (1967) de Roy Ward Baker, dans lequel on trouve un vaisseau spatial enterré lors du creusement du tunnel de Londres ; et devinez ce qu'on trouve à l'intérieur de cet artefact ?... un monstre lovecraftien bien sûr !

C'est que l'influence de Lovecraft dans ces films ne se limite pas à la présence de monstres. N'oublions pas que cet écrivain américain était un matérialiste convaincu, et que la science joue un rôle déterminant dans son œuvre. Sa mythologie est basée sur l'existence matérielle d'êtres incroyables. Cette matérialité, il la pousse jusqu'à décrire une autopsie d'un « Grand Ancien » dans sa nouvelle *Les Montagnes hallucinées* !

Ce thème de la terreur venue du cosmos est magistralement traité dans le film *Event Horizon* (1997) de Paul Anderson, dans lequel le scientifique créateur du fabuleux vaisseau spatial sera le vecteur de la folie destructrice des monstres de l'au-delà. On ne triture pas dame Nature impunément !

Lovecraft a aussi mis en scène un scientifique maudit : Herbert West, réanimateur. On peut aisément voir Lovecraft lui-même dans ce personnage lorsqu'il le décrit de la manière suivante : *« West était matérialiste. Il ne croyait pas à l'existence de l'âme et attribuait tous les effets de la conscience à des phénomènes physiques. »* Ce personnage, un étudiant en médecine qui découvre un produit qui réanime les morts, a été mis en scène par Stuart Gordon dans son film *Re-animator* (1985), film délirant mêlant sexe et gore (alors que Lovecraft détestait le sexe...). Le même Stuart Gordon a produit la suite de Brian Yuzna : *Re-animator 2* dont le titre anglais, *Bride of re-animator*, rend hommage au film *La fiancée de Franke*nstein. Dans ces deux films, c'est Jeffrey Combs qui joue le rôle d'Herbert West de même que dans *Beyond Re-animator* également réalisé par Brian Yuzna.

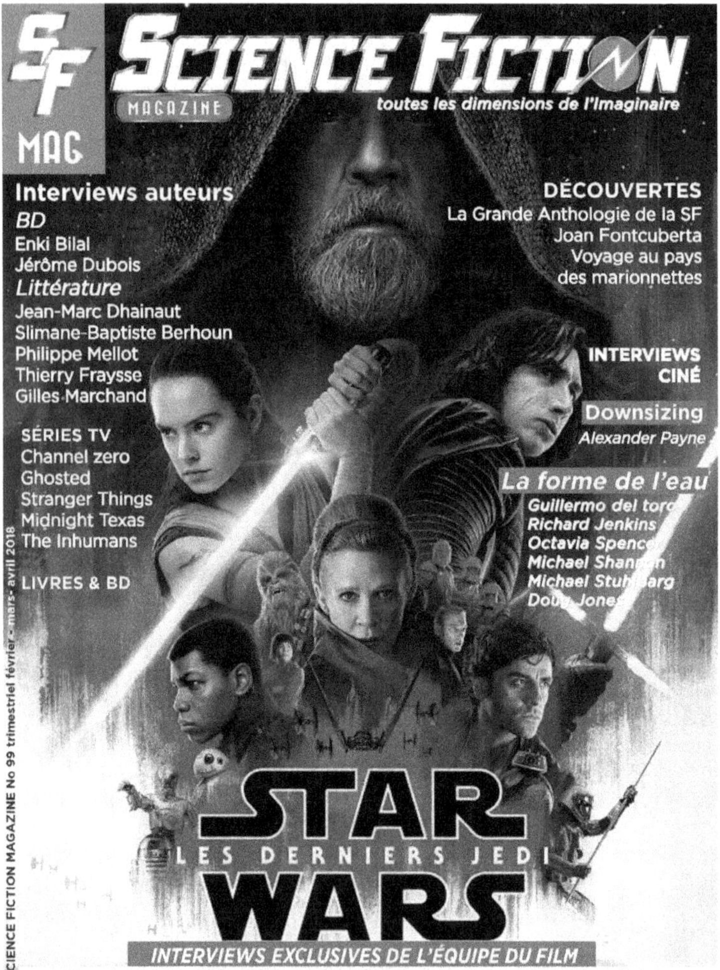

Lovecraft et la nature

Nous avons vu que Lovecraft s'est mis lui-même en scène avec son personnage d'Herbert West, le réanimateur de cadavre. Dans cette œuvre, il affiche donc ses convictions philosophiques : « West était matérialiste. Il ne croyait pas à l'existence de l'âme et attribuait tous les effets de la conscience à des phénomènes physiques. »

La nature joue un rôle important dans l'œuvre de Lovecraft. Elle annonce une présence maléfique quand elle prend une forme inhabituelle de dégénérescence, ou même terrifiante. C'est le cas dans la nouvelle *La Couleur tombée du ciel*. Cette histoire est particulièrement moderne puisqu'elle raconte une pollution abominable d'un puits par une entité extraterrestre. Ce thème a été ensuite beaucoup utilisé par les scénaristes de films de terreur, notamment un sketch de *Creepshow* dans lequel Stephen King joue le rôle d'un pauvre paysan contaminé par une météorite tombée du ciel.
« A l'ouest d'Arkham s'érigent des collines farouches, séparées par des vallées plantées de bois profonds dans lesquels nulle hache n'a jamais pratiqué de trouée. »

Voilà la nature sauvage décrite par Lovecraft.[**] Cette nature est menacée — et là encore, cette menace représente à notre époque une curieuse actualité : « ... La moitié des vallées aura été inondée pour constituer le nouveau réservoir (...) la lande foudroyée sommeillera sous les eaux profondes. » Cette idée d'une entité qui « sommeille » dans des profondeurs aquatiques est très chère à Lovecraft...

Une lueur est donc tombée dans le puits de fermiers. Cette lueur a d'abord un effet bénéfique : elle donne aux plantes une vigueur particulière et elles produisent de magnifiques fruits. Mais... « Dans l'exquise saveur des pommes et des poires s'était insinué une répugnante amertume (...) : ... la météorite avait empoisonné le sol. »

La « transformation » terrifiante des créations de la nature a commencé : « ... Des empreintes habituelles d'écureuils, de lapins blancs et de renards ; toutefois, le fermier jura qu'il y avait quelque chose d'anormal dans leur dimension et leur disposition... », jusqu'à l'horreur dans toute sa splendeur : « Ce fut la végéta-

---

[**] Ces descriptions de paysages sont certainement inspirées de celles d'Arthur Machen comme pourrait en témoigner cet extrait de sa nouvelle *La Main rouge* (1906) : « Les contours des bois et des collines, les méandres des ruisseaux au creux des vallées, sont susceptibles d'imprégner de mystère un esprit particulièrement imaginatif. (...) Lorsque j'étais encore enfant, la vaste étendue de certaines collines arrondies, la profondeur de certains bois suspendus et de vallées secrètes encerclées de toutes parts, me remplissait d'imaginations dépassant toute expression rationnelle ; (...) »

tion qui les épouvanta. Tous les arbres du verger se couvrirent de fleurs aux teintes bizarres (…) »

Attention, ne croyez pas que ces transformations sont dues à des « entités » divines ou diaboliques. Pas du tout. Lovecraft est matérialiste à fond, c'est cela d'ailleurs qui rend ses nouvelles terrifiantes, car on pourrait presque y croire. Dans *La Maison de la sorcière*, il explique : « … L'existence possible de courbures capricieuses de l'espace et (…) des points de contact théoriques entre notre partie du cosmos et diverses régions transgalactiques ou extérieures au continu espace-temps d'Einstein. » C'est dans ce court roman qu'il met en scène une créature, un monstre de la nature : « Cette créature de la taille d'un gros rat, baptisée "Brown Jenkin" par les gens de la ville, semblait être le fruit d'un cas remarquable d'hallucination collective… » Mais pourtant, il existe, il existe !

Les engoulevents annoncent toujours qu'il va se passer quelque chose de terrible : « … Les indigènes (*Lovecraft appelle toujours ainsi les habitants de la région…*) ont une peur effroyable des nombreux engoulevents qui donnent de la voix au cours des nuits chaudes. A les en croire, ces oiseaux sont des psychopompes qui guettent les âmes des agonisants et rythment leurs cris étranges sur le souffle haletant des malades prêts à trépasser. S'ils parviennent à saisir l'âme au moment où elle quitte le corps, ils s'envolent sans plus tarder en poussant des ricanements démoniaques. » Notons au passage qu'ici l'âme existe, et qu'elle quitte le corps. Mais cette séparation de l'âme et du corps est rare chez Lovecraft. A la lecture de cet extrait, on voit bien de qui Stephen King a tiré son nuage d'oiseaux dans « La Part des ténèbres »... Plus loin, toujours dans *L'abomination de Dunwich* dont la précédente citation était extraite : « ... Une légion innombrable d'engoulevents qui criaient leur interminable message sur un rythme diaboliquement synchronisé avec la respiration de l'agonisant. »

Les « animaux » les plus terrifiants restent, chez Lovecraft, les « Grands Anciens ». Ce ne sont pas des dieux, non ! Mais des créations naturelles. D'ailleurs, les héros de cette histoire réalisent une autopsie du corps de l'un d'eux ! Voici comment il les décrit dans *Les Montagnes hallucinées* : « Toutes les hypothèses concernant les membres et les organes extérieurs étaient exactes et permettaient de conclure que le sujet appartenait au règne animal ; par contre, l'examen des organes internes révélait tant d'éléments végétaux que Lake n'y comprenait plus rien. Cette créature possédait un appareil digestif et circulatoire. Elle éliminait les déchets par les tubes rougeâtres situés à sa base. L'appareil respiratoire s'avérait extrêmement curieux : il présentait certaines cavités destinées à emmagasiner de l'air, et la respiration pouvait s'opérer soit par un orifice extérieur, soit par deux systèmes très développés de branchies et de pores. De toute évidence, la créature était amphibie et pouvait également subir de longs hivernages sans air. » Je m'arrête là, mais la description se poursuit encore longuement, surtout pour démontrer la prodigieuse intelligence de la créature.

Dans la nouvelle *L'indicible*, le héros trouve des ossements sous le toit et « si ces ossements provenaient tous du même être, ce devait être une folle monstruosité. »

Voilà donc la source de la terreur : ce qui est anormalement monstrueux dans la nature n'est qu'un signe que des entités d'un autre monde, dans lequel les lois de la nature, non seulement sont différentes des nôtres, mais sont également terrifiantes, apparaissent chez nous. Ainsi, Ward, dans *L'affaire Charles Dexter Ward* écrit une lettre dans laquelle il montre sa crainte : « J'ai mis au jour une monstrueuse anomalie, pour l'amour de la science. A présent pour l'amour de la vie et de *la nature* (souligné par moi), vous devez m'aider à la rejeter dans les ténèbres. » Dans le même roman on rencontre : « L'entité prisonnière (qui) de toute évidence (...) n'avait pas été créée par la nature, car elle n'était pas *finie* et nul ne saurait décrire ses proportions anormales. »

Lovecraft aime décrire des monstruosités, en ce sens qu'elles sont, non pas surnaturelles, mais extranaturelles, qu'elles font partie d'un autre monde dans lequel les lois naturelles sont différentes, ce qui fait dire à l'auteur, dans *Celui qui chuchotait dans les ténèbres* : « Le contact avec le fantastique est presque toujours terrifiant. » Voici les monstres du *Cauchemar d'Innsmouth* : « Ils étaient de couleur verdâtre et avaient le ventre blanc. Leur peau semblait luisante et lisse, mais leur échine se hérissait d'écailles. Leur corps vaguement anthropoïde se terminait par une tête de poisson aux yeux saillants toujours ouverts. Sur le côté de leur cou s'ouvraient des ouïes palpitantes, et leurs longues pattes étaient palmées. » Des personnages que l'on a également rencontrés souvent dans les innombrables séries B du cinéma, et aussi dans certaines séries télévisées comme la toute récente *SPACE 2063*...

Ce sont aussi des phénomènes naturels qui permettent la réapparition de la faune particulière du monde des Grands Anciens. Il y a le tremblement de terre bien connu de tous dans la mythologie lovecraftienne, mais aussi l'inondation, comme dans *Celui qui chuchotait dans les ténèbres* : « (Lors de) l'inondation sans précédent qui eut lieu dans l'état du Vermont, le 3 novembre 1927, (...) des histoires bizarres mentionnant la découverte de certaines créatures inconnues flottant sur les eaux de quelques rivières en crue. »

Enfin, dans *La Tourbière hantée*, à la fin, « Les eaux stagnantes (...) débordaient maintenant d'une horde d'énormes grenouilles visqueuses dont les cris aigus et incessants contrastaient étrangement avec leur taille. Brillantes, vertes et bouffies, elles semblaient contempler le clair de lune. »

Mais Lovecraft s'intéresse aussi beaucoup à la flore. Il consacre même entièrement une nouvelle à son représentant le plus prestigieux. Ce texte a pour titre : *L'arbre* ! Il s'agit d' « un olivier d'une taille surnaturelle et d'une forme singulière. Il ressemble au corps d'un être humain figé dans son dernier sommeil. » On se doutait qu'il ne pouvait s'agir d'un arbre ordinaire, mais d'un végétal en rapport avec la « divinité » préférée d'Arthur Machen : « Le redoutable Pan et (...) ses nombreux compagnons » que Lovecraft n'a pas manqué d'emprunter à un écrivain qu'il admire. Il s'agit d'ailleurs d'une « divinité » liée à la nature qu'on ne trouve qu'à la campagne... Un autre arbre est effrayant, dans *L'indicible* : « ... Le vieux cimetière d'Arkham... Les yeux fixés sur le saule géant de ce territoire réservé aux morts, dont les puissantes racines, puis le tronc, avaient presque englouti une dalle indéchiffrable, je m'étais permis une remarque bien personnelle sur les sucs fétides autant que subtils que l'inexorable réseau nourricier de l'arbre devait distiller de la terre séculaire de cet ossuaire. » D'autres arbres, dans un autre cimetière, celui de *La peur qui rôde*, jouent le même rôle dans le décor : « ... le cimetière familial où des arbres difformes étendaient leurs branches folles, pendant que leurs racines, soulevant *hideusement* les dalles, suçaient les sucs vénéneux du sous-sol. » Le même arbre a « des racines semblables à des serpents qui se tordaient *méchamment* avant de s'enfoncer dans le sol », et dans la même histoire, il y a une « forêt de chênes monstrueusement nourris dont les racines en forme de serpent se tordaient, aspiraient d'*innommables* sucs dans la terre grouillante de démons cannibales... »

Dans *Celui qui hantait les ténèbres*, « Il était bien étrange que les plantes et les herbes qui poussaient autour de l'église fussent restées jaunes et flétries malgré la venue du printemps. » Les champignons qui poussent dans la cave où est enterré le vampire ne se portent pas mieux : « Ces champignons aussi grotesques que la végétation de la cour, avaient vraiment des formes horribles. C'étaient de repoussantes parodies d'agarics et de "pipes indiennes" dont nous n'avions jamais vu les modèles. » Il s'agit de la cave de la nouvelle *La maison maudite*, construction bâtie sur un ancien cimetière « oublié », ce qui nous fait penser que Tobe Hooper l'avait lue pour son film *Poltergeist*.

Il est vrai que cette flore monstrueuse contribue à rendre terrifiante l'ambiance du récit de Lovecraft. Ainsi, encore, dans *La peur qui rôde* : « Il n'y avait pas de bêtes sauvages — elles se tiennent coites au voisinage de la mort. Les vieux arbres frappés par la foudre semblaient étrangement grands et tordus, et le reste de la végétation épais et chargé de fièvres, tandis que de curieux monticules et de petits tertres hérissaient la terre volcanique couverte d'herbes folles, évoquant des serpents et des crânes humains de proportions gigantesques. »

Pour terminer cette parade grotesque des monstruosités de la nature lovecraftienne, je citerai encore notre cher écrivain de Providence : « La science, dont les terribles révélations déjà nous accablent, sera peut-être l'exterminatrice définitive de l'espèce humaine — en admettant que les êtres appartiennent à des espèces différentes — et si elle se répandait sur la terre, nul cerveau n'aurait la force de supporter les horreurs insoupçonnées qu'elle tient en réserve. » (Dans la nouvelle *Arthur Jermyn*)

Ah ? C'est donc que la nature même cache les plus « indicibles » des horreurs ?

C'est là le pessimisme profond de Lovecraft...

Pour lire les chroniques des films « lovecraftiens » se référer à mon ouvrage : « Lovecraft au cinéma » dont sont tirés les deux articles ci-dessus, qui ont été également publiés dans mon ouvrage « Fantastique et science-fiction, réel, cinéma, littérature »...

« Lovecraft au cinéma » a été complété par une suite publiée en 2015.

SF

SCIENCE FICTI⦿N

MAGAZINE

toutes les dimensions de l'Imaginaire

MAG

DÉCOUVERTES
Esprit es-tu là ?

Interviews auteurs
BD
Eric Henninot
Jérémy Perrodeau

Chroniques films
Blade Runner 2049
Leatherface
Le Complexe de Frankenstein

INTERVIEWS CINÉ

Thor : Ragnarok
Taïka Waititi
Chris Hemsworth
Mark Ruffalo
Jeff Goldblum
Karl Urban

**Kingsman :
The Golden Circle**
Taron Egerton
Pedro Pascal

Leatherface
Julien Maury
Alexandre
Bustillo

SCIENCE FICTION MAGAZINE N°8 trimestriel nov-déc 2017 janv 2018

RYAN GOSLING · HARRISON FORD

BLADE RUNNER 2049

INTERVIEWS EXCLUSIVES DE L'ÉQUIPE DU FILM
· Denis Villeneuve · Harrison Ford · Ryan Gosling · Jared Leto · Ana de Armas · Sylvia Hoeks

M 06614 - 8 - F: 6,00 € - RD

SÉRIES TV : The Mist · Blood Drive · Salvation · The Defenders
Star Trek : Discovery   **LIVRES & BD**

Chroniques des films cités dans ce livre

Ces chroniques sont extraites du dernier ouvrage
d'Alain Pelosato :
Cinéma fantastique et de science-fiction
Essais et données pour une histoire
du cinéma fantastique – 1895-2015

La Fiancée de Frankenstein de James Whale (1935),
le meilleur de tous les *Frankenstein*. Scène sublime
d'humanité avec le violoniste aveugle et fabuleuse
coiffure de la fiancée, coiffure reprise dans *Frankenstein junior* de Mel Brooks (1974). Voir au chapitre des
chefs-d'œuvre.

La Féline de Jacques Tourneur (1942), c'est ce film
qui rend le mieux l'épouvante de ce qui se passe
hors-champ... Le spectateur est terrifié par des
ombres et sa propre imagination.
Une suite par Robert Wise en 1944 : *La Malédiction
des hommes-chats*. Il y a un remake en 1982 réalisé
par Paul Schrader.

La Chose d'un autre monde de Christian Nyby
(1951), avec quel mépris certains critiques parlent de
la *« carotte extraterrestre »* pour parler de l'alien de

ce film qui m'avait terrifié dans mon enfance. Beaucoup de critiques attribuent sa réalisation à Howard Hawks qui en fut le producteur, mais, pitié laissons à Nyby la paternité de son chef-d'œuvre ! Cette histoire est adaptée d'une nouvelle de John W. Campbell *La Bête d'un autre monde* (1938). Campbel qui s'est visiblement largement inspiré d'un petit roman de Lovecraft *Les Montagnes hallucinées.* C'est le chef-d'œuvre des films d'épouvante des années cinquante. La scène au cours de laquelle les savants ont planté les graines du monstre et se sont aperçus qu'elles ont germé n'a jamais été égalée.

John Carpenter a réalisé en 1982 un remarquable remake. Un autre remake de la période faste du cinéma fantastique espagnol, avec Peter Cushing et Christopher Lee : *Terreur dans le Shangaï express* (1972) par Eugenio Martin, reprend tous les ingrédients de Dracula, Frankenstein, DrJekyll et les morts-vivants...

Les remakes :

The Thing de John Carpenter (1982), remarquable remake plein d'action, d'horreur et de suspense de *La Chose d'un autre monde* (1951). L'idée du chien qui transporte la Chose dans son corps a été reprise dans *Alien 3* et *Hidden*. Carpenter, très influencé par Lovecraft, reprend le thème de l'horreur interne qui débouche sur la transformation physique. D'ailleurs le roman de Campbel dont est tiré ce film doit vraisemblablement son inspiration au petit roman de Lovecraft : *Les Montagnes hallucinées* dans lequel des archéologues découvrent sur le continent Antarctique les corps gelés d'Anciens qui reviennent à la vie après avoir été décongelés….

The Thing de Matthijs Van Heijningen Jr. (2011)

On se souvient que dans *The Thing* de John Carpenter, le film commence par l'arrivée d'un chien poursuivi par un homme en hélicoptère qui vient d'une station polaire norvégienne. Le chien était porteur de la « chose ». Excellent film, et vrai remake de *La Chose d'un autre monde* (1951), car les scientifiques de la station polaire découvrent l'extraterrestre congelé, alors que le film de Carpenter commence après, quand les résidents de la station polaire norvégienne ont déjà été complètement exterminés.

Ce film de Van Heijningen Jr. raconte donc ce qui s'est passé dans cette station polaire norvégienne. Il se veut donc une préquelle du film de Carpenter, mais c'en est quasiment un remake puisque le récit est le même. Tous les êtres humains de la station sont vampirisés par la « chose » jusqu'au chien…

À quand la suite du film de Carpenter qui finit pas une ambiguïté : le spectateur se demande si l'un des survivants n'est pas contaminé par « la chose » ?

L'étrange créature du lac noir de Jack Arnold (1954), il faut respecter ce qui n'est pas comme nous, même une créature mi-homme, mi-poisson. Effet fantastique de la projection en trois dimensions.

Une suite sans grand intérêt par le même : *La Revanche de la créature* (1955).

Le Monstre de Val Guest (1955), ce film sut aussi me terroriser lorsque j'étais enfant. Le cosmonaute revenu de l'espace se transforme petit à petit en monstre qui absorbe toute matière vivante, même les cactus. Terreur de l'immensité du cosmos, toujours... Et terreur de la transformation physique comme Lovecraft l'a bien exprimée dans le *Cauchemar d'Innsmouth*, nouvelle qui semble avoir inspiré ce film, le premier de la Hammer.

Suites, toujours avec le professeur Quatermass : en 1957 *La Marque* de Val Guest, et en 1967 : *Les Monstres de l'espace* par Roy Ward Baker. Dans tous ces films on rencontre l'ambiance de l'œuvre de Lovecraft.

La Maison du diable de Robert Wise (1963), une maison hantée, un film effrayant sans aucun effet spécial où le son est toujours vecteur de la terreur, en association avec l'image, bien sûr. Un escalier métallique en spirale qui mène à la mort et que l'on emprunte poussé par son angoisse... Un chef-d'œuvre qui touche le spectateur au fond de cette culpabilité qui existe en chacun de nous. Remake : *Hantises* (Jan De Bont) 1999. Ces films sont des adaptations du roman de Shirley Jackson *La Maison hantée.* Shirley Jackson se définissait elle-même comme une vraie sorcière.

Alien de Ridley Scott (1979), ce monstre est devenu une célébrité. Un cargo spatial sur le retour vers sa base reçoit un signal d'alarme provenant d'une petite planète. Une expédition y est envoyée. On y trouve l'épave d'un vaisseau extraterrestre. Dans la soute des œufs attendent, tel le fourmi-lion, qu'un être passe à proximité. Un des cosmonautes sera attaqué par une larve sortie de l'œuf. Cette larve a introduit un rostre dans son estomac et y a pondu un œuf. Le biologiste du bord qui a fait ostensiblement l'erreur de laisser entrer un passager contaminé soigne le malade. Celui-ci reprend vie, mais un petit monstre sort de son corps lui infligeant une atroce et mortelle blessure. Désormais, c'est une guerre sans merci entre ce monstre et l'équipage qui sera décimé. Seule Ripley, la jeune femme magistralement inter-prétée par Sigourney Weaver saura terrasser le monstre. Ce film a plusieurs importances : il rompt avec la science-fiction héritière de *2001*, tout axée sur le développement technologique et ses répercus-sions, et renoue avec le style de l'écrivain Lovecraft qui a su, justement, allier la science et les techniques à de profondes et archaïques pulsions de la vie. Ainsi, le monstre d'Alien est-il proprement lovecraftien, et son créateur, Carlo Rambaldi, semble bien s'être ins-piré des monstres de l'écrivain américain. Enfin, l'action prend toute son importance et sert à mon-trer du doigt les horreurs que l'on ne voit pas, mais que l'on nous fait deviner hors-champ, comme cette scène de recherche du chat dans les soutes du vais-seau spatial. Le scénario développe une argumenta-tion serrée : si ce monstre a été introduit dans notre univers, c'est de la faute aux dirigeants de la compa-gnie et de la société des hommes qui ont organisé cette introduction par l'intermédiaire du biologiste médecin qui n'est qu'un robot à leurs ordres. Quatre suites à ce jour : *Aliens, le retour* de James Cameron (1986), *Alien 3* de David Fincher (1992), , *Alien la résurrection* (1997) de Jean-Pierre Jeunet et *Alien contre Predator* de Paul Anderson (2004). Jusqu'à Alien 4, les films sont interprétés par Sigourney Weaver.

Frayeurs de Lucio Fulci (1980), il faut avoir les nerfs solides pour regarder un film de Fulci sans jamais tourner le regard... Un film de morts-vivants avec une scène célèbre : celle du percement de la tête d'un homme vivant par une perceuse. Hitchcock n'avait pas osé le montrer en gros plan... L'action se passe à Dunwich, ville qui fut également le théâtre de l'abomination de Lovecraft...

L'au-delà de Lucio Fulci (1981), avec une fin superbe (le reste l'est moins) et une visible source d'inspiration venant de Lovecraft... Lucio Fulci termine ainsi sa trilogie lovecraftienne. D'ailleurs les trois films (et aussi *L'Enfer des zombies*) ont été tournés dans les mêmes décors (la maison surtout...)

La Maison près du cimetière de Lucio Fulci (1981), Lucio Fulci poursuit son œuvre à base de morts-vivants. Ici, le monstre est dans la cave. N'avez-vous jamais eu peur d'y descendre étant enfant ? *« Personne ne saura jamais si les enfants sont des monstres ou si les monstres sont des enfants »*. Cette citation d'Henry James clôt le film dont la fin, comme toutes celles des films de Fulci, n'est pas très heureuse... Ce film semblerait avoir inspiré *Evil Dead* (1982) de Sam Raimi... Mais aussi *Hellraiser* (1987) de Clive Barker...

Evil Dead de Samuel Raimi (1982), une bande de jeunes passent le week-end dans une cabane isolée dans la forêt, séjour loué dans une agence. Dans la cave, ils trouvent un manuscrit de peau et un magnétophone. Ils écoutent de mystérieuses incantations psalmodiées sur la bande. Elles appellent d'horribles démons invisibles qui possèdent les corps et les esprits. « Viens avec nous... » Entendent-ils murmurer dans leur crâne. Ce film que Sam Raimi a réalisé à vingt-deux ans avec un très faible budget est devenu un film culte. Gore et terreur grandiloquente produisent deux effets : la terreur ou le rire devant les exagérations du film. C'est en tirant parti de ce deuxième effet que Sam Raimi a réalisé deux suites de plus en plus extravagantes : *Evil Dead 2* en 1987 et *L'armée des ténèbres* en 1993.
Une série télé **Ash Vs Evil Dead** avec le même acteur (Bruce Campbell) en 2015.

Poltergeist de Tobe Hooper (1982), une famille américaine bien tranquille, une maison dans un lotissement moderne, mais hantée. La hantise se manifeste d'abord par la télévision... Effets spéciaux impressionnants. Un vrai renouvellement du thème de la maison hantée qui a su sortir de l'ambiance gothique. Suites : *Poltergeist II* de Brian Gilson 1986 et *III* de Gary Sherman 1988.

Les Griffes de la nuit, (Freddy) de Wes Craven (1984), le fantôme de Freddy Krueger, psychopathe meurtrier brûlé vif autrefois par les parents de ses victimes, possède la particularité de revenir en chair et en os avec ses griffes d'acier coupantes comme des lames de rasoir pour tuer les adolescent(e)s, surtout les filles qui ont une vie sexuelle débridée (influence d'*Halloween* de Carpenter). Ce qui est génial, et qui explique les nombreuses suites, c'est que ce monstre revient, appelé par les RÊVES des adolescents. Attention : le sommeil est cruellement mortel... Idée géniale. Un nouveau monstre est né ! Et croyez-moi, ce n'est pas facile d'en créer de nouveaux. Pour s'empêcher de dormir, Nancy regarde *Evil Dead* (1982) de Sam Raimi. Nombreuses suites : *La Revanche de Freddy* de Jack Sholder (1985) – *Les Griffes du cauchemar* de Chuck Russel (1987) – *Le Cauchemar de Freddy* de Renny Harlin (1988) – *L'Enfant du Cauchemar* de Stephen Hopkins (1989) – *La Mort de Freddy* de Rachel Talalay (1991)...
Enfin, Wes Craven a réalisé ce qui devait être l'ultime Freddy avec *Freddy sort de la nuit* (1994) dans lequel il se met en scène lui-même ainsi que les acteurs de son film *Les Griffes de la nuit* qui jouent leur propre rôle.
Et puis nous avons eu le plaisir de revoir Freddy dans *Freddy contre Jason* de Ronny Yu (2003)

Il y a une série de télévision, intitulée *Freddy, le cauchemar de vos nuits*, avec des téléfilms de Tobe Hooper, Tom Mac Loughlin, Mick Garris et Ken Wiederhorn.

Re-animator de Stuart Gordon (1985), délirante adaptation des nouvelles de Lovecraft *Herbert West, réanimateur*. Mettez des images choc du genre : une tête coupée qui parle et qui voit le magnifique corps nu d'une jeune fille, son père transformé en mort-vivant et vous serez terrifié par ce jeune étudiant qui a découvert un produit qui redonne la vie aux cadavres lorsqu'on le leur injecte. Une suite (très gore...) avec le même acteur (Jeffrey Combs) : *Re-animator 2* par Brian Yuzna qui a poursuivi avec *Beyond re-animator* (2003).

Aux Portes de l'au-delà de Stuart Gordon (1986), Gordon adore adapter Lovecraft. Un film terrifiant qui suggère que la folie est la possession de notre esprit par des entités de l'au-delà. Un scientifique a inventé une machine pour passer dans la sphère des Grands Anciens. Cela aura des conséquences incalculables sur lui-même et son assistant (joué par Jeffrey Combs). Les efforts de la jolie psychiatre pour comprendre la situation ne pourront la mener qu'à la folie.

Predator de Mac Tiernam (1987), un extraterrestre chasseur a choisi notre planète pour une affreuse chasse à l'homme. Un commando de marines est exterminé dans la jungle. Il y a une suite : *Predator 2* dans la jungle des villes. Et deux séquelle : *Alien contre Predator* de Paul Anderson (2003) et *Aliens Vs Predator : requiem* de Colin Strause, Greg Strause (2007) et **Predators** de Nimrod Antal (2009)

Prince des ténèbres de John Carpenter (1988), le grand Cthulhu attend depuis des millions d'années, enfermé dans un gigantesque cylindre de verre. Une équipe de scientifiques s'attaque à la tâche de l'étudier lorsqu'il est découvert dans les caves d'une église. Ils vont déclencher l'horreur. Ils ne connaissent pas le nom de l'entité qu'ils vont réveiller, car ils semblent ne pas avoir lu Lovecraft. Carpenter l'a lu, lui... Quelques scènes rappelant son film *Assaut*. Un chef-d'œuvre de l'épouvante rythmé par la musique composée par le réalisateur, comme dans tous ses films.

Event Horizon, *le vaisseau de l'au-delà* de Paul Anderson (1997). Clive Barker a fait des adeptes. C'est l'atmosphère terrifiante de l'écrivain anglais de l'horreur que l'on retrouve dans ce film : du gothique à l'état pur, avec son architecture, ses grosses ferrailles, et ses instruments de torture. Cette ambiance est mêlée à de très belles images de science-fiction : planètes, vaisseaux spatiaux qui défilent. Ils ne sont pas si modernes que cela d'ailleurs, car les images transmises restent à deux dimensions. On retrouve l'atmosphère gothique partout : l'Event Horizon est un immense vaisseau en forme de croix, les décors sont sombres *(« Cet endroit est une tombe »* déclare le capitaine). L'Event Horizon n'était pas revenu après être passé *« de l'autre côté ».* Il a réapparu quelques années plus tard. Tout l'équipage est mort. Il ne reste d'eux que des débris affreux, témoignant d'une horreur sans nom (me voilà influencé par Lovecraft, c'est l'ambiance...) Le bloc médical ressemble à une crypte. On retrouve le même thème que dans *Solaris* (1972) d'Andreï Tarkovski, car, dans le vaisseau, les êtres humains développent leurs angoisses à partir de leur psyché et des névroses qu'ils ont contractées. Mais ici on a affaire à un film d'horreur. L'entité maléfique n'est jamais connue, donc jamais nommée, jamais vue. Seul l'homme qui avait construit le vaisseau la représente par son visage aux yeux crevés et à la peau découpée. Sam Neill est toujours aussi bon dans ce genre de rôle. Il y a les classiques débats entre le rationnel et l'irrationnel. C'est toujours ce dernier qui a raison, car les faits sont têtus, et même le rationnel ne peut pas les contourner. Nous sommes donc vraiment dans une sombre histoire du gothique le plus classique, les combinaisons spatiales remplaçant les armures. Voyons ce que dit Maurice Lévy, spécialiste du Roman Gothique[5] : *« Roman médiéval et art gothique relèvent au même titre, en effet, de cette faculté tant décriée pendant l'âge classique : l'imagination. »* Et encore : *« Selon Blair* (ne pas confondre avec le Premier ministre anglais, il s'agit ici

---

[5] In *Le Roman gothique anglais.*

d'un critique littéraire du dix-huitième siècle NDLA) *à mesure que le monde progresse, l'entendement gagne du terrain sur l'imagination ; l'homme s'applique à mieux connaître la cause des choses, et s'en émerveille de moins en moins, [...] Ce vieillissement de l'imagination explique qu'il faille se tourner vers les premiers âges des civilisations pour trouver une poésie authentique, toute poésie étant "fille de l'imagination"* ». Et enfin : « *La nuit accroît nos craintes par l'incertitude où elle nous plonge. C'est parce qu'elle est terrible en soi qu'on l'associe aux fantômes et non pas, comme le prétendait Locke, parce qu'elle est associée aux fantômes qu'elle est terrible.* »

Ces citations montrent parfaitement la démarche du film, car là où s'est rendu l'Event Horizon est « *une dimension de pur chaos* ».

Alien la résurrection de Jean-Pierre Jeunet (1997), dans une station spatiale, un médecin fait renaître Ripley et son monstre grâce aux manipulations génétiques (encore !). Contrairement à ce que dit J.P. Jeunet dans ses nombreuses interviews, je trouve que l'influence d'Hollywood est manifeste. Une fois de plus la Terre est menacée par les monstres. L'ambiguïté de la nature de Ripley (monstre ou être humain ?) n'est pas très bien rendue : il est dommage que la dernière scène qui suggère un accouplement avec le monstre ait été édulcorée, ne signifiant pratiquement plus rien ... Quant aux yeux du nouveau-né, il faut avoir lu un article sur le film pour voir que ce sont ceux de Ripley... Il y a quand même un peu de Jeunet dans ce film grâce aux acteurs et au directeur de la photo. Humour noir : le soldat attaqué par-derrière par un monstre sourit niaisement et ramène de derrière sa tête avec ses doigts un morceau de sa cervelle. Le pirate de l'espace descend un alien et sursaute devant une petite araignée... *« Tu es programmée pour être une conne ? »* Questionne Ripley en s'adressant à Call la jolie robot. C'est dans ce film que l'alien est le plus lovecraftien, dès les images du générique qui montrent en gros plan les parties des corps des sept autres mutants ratés avant Ripley. Un scénario faible, beaucoup d'action et la bête a perdu tout son mystère, car on en voit les moindres détails...

Hantise de Jan De Bont1(1999). Une moderne adaptation du livre de Shirley Jackson *Maison hantée*. Ce livre commence par ces phrases et finit par les mêmes : *« Et Hill House se dressait toute seule, malsaine, adossée à ses collines. [...] Le silence s'étalait hermétiquement le long des boiseries et des pierres de Hill House. Et ce qui y déambulait, y déambulait tout seul. »* Voilà l'ambiance qu'avait bien réussi à montrer Robert Wise dans sa première adaptation *La Maison du diable*. Ici nous avons un film hollywoodien. Le réalisateur mise toutes ses images sur la maison. Ces images et les effets spéciaux sont exceptionnels. Ils montrent une bâtisse mêlant tous les styles (gothique, renaissance, baroque...), une construction vivante qui tente de phagocyter ses habitants. « *La déco ! J'hallucine ! C'est géant* ». S'exclame Theo lorsqu'elle entre pour la première fois dans le château. Ce qui est bien rendu avec les effets spéciaux, c'est la manière dont l'insomniaque donne vie à sa chambre lors de ses nuits blanches. L'escalier métallique est superbe. C'est l'album photo animé lorsqu'on en tourne les pages qui donne la solution. La hantise est une affaire personnelle, mais on finit par la partager avec les autres. Bien sûr on ne peut pas comparer les deux films. Dans *La Maison du diable* tout est dans la suggestion grâce au *son*. Ici, on voit et le réalisateur en rajoute. D'ailleurs la fin ne respecte absolument pas la lettre et l'esprit du roman, contrairement au film de Robert Wise. On a parlé aussi du film *La Maison des damnés* comme une autre adaptation du roman de Shirley Jackson. Ce film a été adapté par Richard Matheson à partir de son roman Hill House, que l'on peut considérer comme une parodie de celui de Shirley Jackson...

Hellboy de Guillermo del Toro (2004). Je me suis précipité pour aller voir ce film et j'en suis sorti un peu ennuyé. Guillermo del Toro est un grand réalisateur, ce film est très bon, mais l'histoire n'apporte rien de neuf. C'est un mélange de X-men et Men in Black à la sauce Lovecraft... Dommage.
Hellboy 2 par le même en 2008.

Alien Vs Predator de Paul Anderson (2004), superbe! On ne s'ennuie pas une minute. Des décors fantastiques, des acteurs à la hauteur servent un scénario très habile qui mêle de la nouveauté et un respect de la "tradition" des deux créatures allant jusqu'à reprendre quelques idées des opus précédents. Un petit hommage au début au "Frankenstein" de James Wahle dont on voit une scène sur l'écran de la télé que regarde un technicien dans une scène du début. Et puis la première scène est stupéfiante (tant pis pour les spectateurs qui discutent au début sans regarde le film), car elle montre un certain angle de vue d'un objet dans l'espace qui représente la reine des aliens et quand l'objet passe devant la caméra il ne s'agit que d'un satellite. Cette illusion due à la magie du cinéma a toute son importance pour la suite... Le film est trop court...

Je me suis posé longtemps la question ; dois-je parler du film **Providence** d'Alain Resnais (1977) à propos de la cinématographie lovecraftienne ? Il est vrai que le réalisateur voulait faire initialement un film sur Lovecraft et la création littéraire. Puis il s'est totalement éloigné de l'écrivain dont il ne reste qu'un vieux monsieur visiblement malade du cancer des intestins (comme le fut Lovecraft) et... c'est tout ! Sachant que Lovecraft est mort du cancer des intestins très jeune....

Séries télé

Au-delà du réel. Série américaine en 49 épisodes noir et blanc de 1963 à 1965. Par Leslie Stevens et Ben Brady. Peu connue en France, cette série est, à l'époque, celle qui mêle le mieux fantastique pur, terreur et science-fiction. Chaque générique fait entendre le commentaire suivant : *« Ce n'est pas une défaillance de votre téléviseur, n'essayez donc pas de régler l'image. Nous avons le contrôle total de l'émission, contrôle du balayage horizontal... contrôle du balayage vertical. Nous pouvons aussi bien vous donner une image floue... qu'une image pure comme le cristal. Pour l'heure qui vient, asseyez-vous tranquillement. Nous contrôlerons tout ce que vous verrez et entendrez. Vous allez participer à une grande aventure et faire l'expérience du mystère avec :... AU-DELA DU REEL ».*

Elle est reprise ensuite avec le titre *Au-delà du réel, l'aventure continue*, de nombreux épisodes couleur. 1994 – 1996. Le même commentaire est repris avec un générique très fantastique plein d'effets spéciaux. Cette série poursuit la tradition d'un mélange d'histoires d'extraterrestres effrayantes et de fantastique. Il y a plusieurs sortes d'extraterrestres. Ceux du film pilote d'abord ; des espèces d'insectes ramenés de Mars par une expédition scientifique, élevés en fraude par un chercheur dans sa grange. Quelle imprudence ! Il y a un sénateur qui découvre des extra-terrestres et commence à lutter contre eux avant de s'apercevoir qu'il en est un aussi. Un extraterrestre qui envahit le corps d'une jeune vierge qui absorbe alors ses amants pour nourrir le monstre qui est en elle. Un épisode résume toutes les histoires d'extra-terrestres : *La Voix de la raison*. Un autre épisode développe d'une manière originale le thème du ro-bot avec *Valérie 23*. D'autres histoires sont de la ter-reur pure comme cette histoire de maison hantée dont les murs sont vivants. La science-fiction pure est aussi présente avec un épisode comme *Avenir virtuel* dans lequel une machine à images virtuelles permet de voir l'avenir proche. Beaucoup d'inventions dans les scénarios font de cette série une véritable antho-logie.

Fringe (2009) de J.J. Abrams, Alex Kurtzman, Roberto Orci.
Cette série se prend des airs de X-files au début, mais assez rapidement elle montre une réelle originalité. Mine de rien, elle est très influencée par l'œuvre de Lovecraft, notamment les mondes parallèles, les doubles identités, les transformations corporelles et mentales. Ouvrir la porte entre les deux mondes c'est très dangereux ! D'ailleurs celui qui l'a fait est maudit à jamais. Il y a aussi, la folie, l'asile de fous, les laboratoires mystérieux, les livres maudits, les phénomènes incroyables. Et puis une petite am-biance gothique...

Les inscriptions qui indiquent les noms de lieu sont composées de lettres en 3D suspendues dans l'espace.

L'action se déroule à Boston, à quelques encablures de Providence, la ville natale de Lovecraft.

L'épisode N°10 de la deuxième saison envoie carrément la couleur !

Un patient de l'asile où Joseph Slater a été clandestinement opéré du cerveau s'appelle... Stuart Gordon ! Quelques secondes plus tard, un plan indique que nous arrivons au « Dunwich Mental Hospital ».

Cet épisode montre cette éternelle quête de la porte pour passer d'un monde à l'autre.

Les 4400, série télé de Scott Peters, René Echevarria (2004 – 2007) reprend bien des thèmes de l'œuvre de Lovecraft. Les deux premiers épisodes de la 2e saison mettent en avant des œuvres de Lovecraft (*Les Montagnes hallucinées et Dans l'abîme du temps*). La "Guest Star" de l'intrigue n'est autre que Jeffrey Combs qui a joué Herbert West dans la série des films *Re-animator* ! Puis tout au long d'épisodes suivants, il se montre toujours avec une seringue pleine d'un liquide fluorescent, comme dans ces films justement !

Deux épisodes de **Supernatural** mettent en scène Lovecraft lui-même qui meurt dès le prologue du premier. Il s'agit des épisodes 21 et 22 de la sixième saison.

SCIENCE FICTION MAGAZINE

SF MAG

MAGAZINE

toutes les dimensions de l'imaginaire

SCIENCE FICTION MAGAZINE No 96 trimestriel juillet-août-septembre 2017

INTERVIEWS CINÉ

ALIEN COVENANT

Ridley Scott
Katherine Waterston
Michael Fassbender

VIRTUAL REVOLUTION

Guy-Roger Duvert

PIRATES DES CARAÏBES

La Vengeance de Salazar

Jerry Bruckheimer
Javier Bardem
Brenton Thwaites
Kaya Scodelario

DÉCOUVERTES

Alien
Saga (2)

Dossiers
MOMIES au cinéma
Nikola Tesla (science)
De Valérian à Star Wars
La Tour sombre de Stephen King

Interviews auteurs BD
Philipe Foerester
Rodolphe et Christophe Dubois

SÉRIES TV : Iron Fist - The Good Place - Légion
CHRONIQUES CINÉ, LIVRES & BD

INTERVIEWS EXCLUSIVES DE L'ÉQUIPE DU FILM :

STAR WARS
THE LAST JEDI

Rian Johnson
Kathleen Kennedy
Daisy Ridley
John Boyega
Kelly Marie Tran
Mark Hamill.

M 06614 - 96 - F: 6,00 € - RD

92

Pierre Dagon

Lettre à Ralsa Marsh

(La Renarde)

Lettre de Pierre Dagon à Ralsa Marsh,[6]

(La Renarde)

VIENNE (AFP) - Les investigations dans la "cave de l'horreur" où un père incestueux a retenu et violé durant 24 ans sa fille à Amstetten, en Autriche, sont "accablantes" pour les enquêteurs, a indiqué samedi le responsable de l'enquête, Franz Polzer.
"Les travaux dans la cave sont accablants et oppressants pour les enquêteurs. Chaque objet leur rappelle ce qui s'est passé ici", a-t-il déclaré à l'agence APA.

---

[6] Ralsa Marsh, cousin de Sarey Watheley, à qui il a fait un enfant monstrueux. Sarey Watheley est la fille de Luther Watheley. Voir :

L'Abomination de Dunwich de H.P. Lovecraft (1919)

Le Cauchemar d'Innsmouth de H.P. Lovecraft (1931)

La Chambre condamnée d'A. Derleth et H.P. Lovecraft. (1959)

Voir les films : La Malédiction des Watheley de David Greene (1967) - The Dunwich Horror de Daniel Haller (1969) – Castle Freak de Stuart Gordon (1995) – Dagon de Stuart Gordon (2002)

Mon cher Ralsa,

Voilà bien longtemps que nous n'avons pas chevauché ensemble les vagues de l'océan au large d'Innsmouth où nous sommes nés tous les deux. Des obligations m'ont éloigné de toi et de notre ville natale. Je suis retiré à Espérance, dans une ville qui lui ressemble à bien des égards, par sa décrépitude, son abandon et la dégénérescence de ses habitants. Que veux-tu, on ne se refait pas...

J'ai reçu, voilà quelque temps, un journal qui m'a été envoyé par quelqu'un qui a vécu une expérience à bien des égards identique à celle qu'a vécue Abner Watheley[7], ou plutôt identique à celle vécue par le membre de notre famille rencontré par Abner dans des circonstances bien dramatiques au final.

Je t'insère ce texte ci-dessous après l'avoir numérisé grâce à ces magnifiques choses qu'ils appellent des "logiciels".

J'imagine à la lecture de cette histoire que le narrateur a rencontré quelqu'un de la famille. Car, enfin, même si on peut imaginer que quelqu'un ait réalisé un canular, même si c'était cela, ce quelqu'un en saurait bien trop sur notre famille. Pour vérifier tout cela, je me suis rendu en ce lieu, visiter cette maison sinistre... selon les indications données par celui des Profondeurs qui m'a envoyé ce document. Je t'en reparlerai à la fin de ce (long) courrier...

---

[7] Le petit fils de Luther Watheley.

Mais prends donc connaissance d'abord du journal du narrateur qui n'a jamais écrit son nom...

Je me dois de laisser un témoignage écrit. Ce qui m'est arrivé est stupéfiant, terriblement hideux. La mort me sera douce, car jamais je ne pourrai vivre en sachant ce que je sais désormais sur la nature de l'univers et celle des êtres immondes qui le peuplent à notre insu.

Cette petite maison située sud-sud-est (la meilleure exposition pour une maison d'habitation), avait été construite sur le versant de la vallée au coeur des prairies, ce qui lui donnait cet air gai et bucolique.

Mais pourquoi avait-elle été abandonnée aussi long-temps ? Personne dans le village ne voulait en parler. Dès qu'on parlait de Saint-Joseph, les bouches se fermaient.

J'héritai de cette petite habitation d'un vieil oncle que je n'avais jamais connu et qui avait très mau-vaise réputation dans la famille. Mais que voulez-vous ? Pouvais-je refuser ce petit héritage alors que je m'étais trouvé dans une situation dramatique sur le plan financier ? Il me permit de sortir de ma situa-tion de sans domicile fixe que je venais juste de con-naître ayant été expulsé de mon logement. Il me fal-lut faire du stop pour atteindre ce havre de paix.

La dernière voiture qui me prit me conduisit au pied de la colline qui dominait la vallée creusée par cette petite rivière charmante qui a donné une partie de son nom à plusieurs villages riverains. Une petite route goudronnée, mais en très mauvais état serpentait jusqu'à la maison. Il faisait frais, les oiseaux chantaient et l'herbe était verte en cette fin du mois d'avril. La petite route était bordée de grands chênes majestueux dont les feuilles d'un vert tendre commençaient à prendre forme.

La maison était un peu en retrait de la route. Elle était accompagnée de plusieurs dépendances : un grand appentis au toit en pente douce était adossé au nord, un petit appentis à l'est. Derrière la maison formant ainsi une petite cour à l'arrière se tenait une étable a trois portes dont l'une était suffisamment imposante pour permettre l'entrée de la charrette à foin. Un hangar à foin fermait la cour à l'ouest. Le pignon sud de ce hangar était effondré. Je me voyais déjà le réparer et refaire cette partie du toit. Toutes les charpentes étaient en chêne massif, les murs en briques rouges assemblées avec un mortier de chaux friable.

La maison présentait deux portes sur sa façade sud, et trois fenêtres une pour chacune de ses pièces. Un escalier en pierre descendait dans une cave voûtée. À l'arrière au nord, un autre montait au grenier dans lequel on entrait par une porte mansardée.

L'extérieur était envahi par les ronces et les pousses des divers arbres fruitiers qui composaient la propriété. Un mur mal assemblé de briques et de chaux prolongeait le côté ouest de la maison, sans fenêtre, juste un œil de bœuf d'aération pour le grenier et un petit accès pour les foins. Ce mur délimitait le jardin, partagé en deux par un autre mur dans son axe est-ouest contre lequel on avait construit une jolie petite tour servant de remise à outils au toit pointu avec deux petites fenêtres. La partie du jardin située au sud de ce mur avait été utilisée comme potager dans sa partie la plus proche de la maison et comme vigne à vin dans sa partie la plus éloignée. Au nord de ce mur, on avait laissé un pré, délimité par une haie de cerisiers et de prunelliers encore plus au nord. L'ensemble de la propriété occupait environ quatre mille mètres carrés entourés d'un bocage de prés. Elle n'était pas close. Seules les clôtures de fil de fer barbelé des prairies à bœufs qui l'entouraient délimitaient son espace. La vue était magnifique, au sud, sur la vallée au fond de laquelle on apercevait quelques méandres de la rivière, et au sud-ouest on apercevait un délicieux petit vallon dans un bocage au fond duquel on devinait un petit ruisseau grâce aux saules têtards et autres osiers qui en trahissaient le tracé. Mais l'ambiance n'y était pas. Étonnamment, en avant plan de cette vallée riante, le vallon que dominait la maison paraissait toujours sombre, quelle que soit l'heure de la journée. Il émanait de ce lieu une angoisse qui abîmait l'âme.

La propriété était parsemée d'arbres d'essences diverses qui émergeaient du taillis de ronces qui avaient fini par tout envahir. Trois pruniers menaient la garde devant la maison. Derrière, plusieurs cerisiers, un buisson de cognassiers, un noyer. Dans le pré un vieux poirier tordait ses branches noueuses dans une posture qui rappelait quelque souffrance inconnue et blasphématoire. Dans le jardin, un osier témoignait de son utilité pour fournir des liens pour attacher la vigne, mais aussi un saule marsault, divers arbrisseaux : aubépines, églantiers aux pointes acérées, bourdaines, cornouillers sanguins, et quelques vignes qui grimpaient encore aux trois grands frênes et s'agrippaient au petit chêne d'une dizaine d'années.

Après ce petit tour d'horizon, je me concentrais un peu plus sur les abords de la maison. C'est alors que j'aperçus le puits, dont la margelle surmontée d'un petit échafaudage en pierres rouges vineuses se montrait à peine dans les fourrés de symphorine qui avait poussé là contre le mur qui délimitait le jardin. Je m'approchai et réussis à jeter un coup d'œil dans ce tube de briques rouges à moitié désagrégées. À une profondeur de huit mètres j'aperçus la surface brillante de l'eau sur laquelle flottaient divers débris dont une boîte de conserve et quelques morceaux de bois. Un petit frisson me parcourut l'échine face à cette profondeur, mais surtout à cause de l'abandon manifeste de ces lieux. Une partie haute de la margelle du puits constituée de briques surmontées de pierres vineuses s'était effondrée dans l'eau. Malgré mon appréhension, je m'étais alors promis de nettoyer le fond. J'éprouvais la solidité de la chaîne enroulée au-dessus de la margelle et elle me parut assez solide pour transporter vers le fond un vieux seau en acier galvanisé tout rouillé que j'avais aperçu dans un appentis.. Mais ce serait pour plus tard.

Un mur de briques partait de biais depuis la margelle vers la maison. Je m'y appuyai pour maintenir mon équilibre alors que je tentais de progresser dans les ronces. Il s'effondra sous le poids de mon corps et je tombais avec la pluie de briques et de chaux désagrégée !

Le lendemain, je me levai à l'aube pour débroussailler un chemin à travers les ronces jusqu'au bout de la propriété. Ce fut un travail pénible, car je ne disposais que d'une espèce de machette rouillée que j'avais trouvée dans un vieil appentis. Néanmoins, en fin de journée j'atteignis mon but : la clôture ouest de ma propriété, ou plutôt la clôture du pré attenant côté ouest de ma propriété, car de clôture il n'en existait plus depuis longtemps ici... Je détectai une odeur de charogne, et je trouvais quelques ossements encore frais : une mâchoire inférieure de cochon, quelques vertèbres... Sans doute, des restes délaissés par un renard.

Je me reposais assez longtemps dans ce secteur, à l'abri des regards. La nuit allait tomber et j'appréciais ce moment de calme rempli des chants d'oiseaux. J'étais resté immobile depuis longtemps quand le soleil se coucha. Trois petits renardeaux sortirent alors de la haie de ronces... J'en étais sûr ! J'avais vu les terriers bien propres d'une ancienne garenne[8].

---

[8] En réalité, cette garenne fut à l'origine un terrier de blaireau comme l'a montré ensuite la découverte de grosses entrées de tunnels cachés dans les ronces. Ce "nid" de blaireau a été occupé successivement par le blaireau, puis par des lapins de garenne, puis par des renards. Les collets que l'ancien occupant posait étaient souvent cassés par le renard qui s'y prenait...

C'est la pratique des renards d'utiliser les terriers des autres pour leurs petits. J'admirais longtemps le spectacle des jeux des trois petits animaux. Lorsque je me levai pour rentrer dans la maison, ils s'enfuirent, l'un dans le pré aux herbes hautes et les deux autres dans la haie.

Je passai une nuit assez agitée. Un lieu nouveau, une fatigue physique inhabituelle sont des empêcheurs de dormir tranquille…

Le lendemain je reçus une visite. Le matin on frappa à ma porte.

Un type d'un certain âge assez aimable me parla avec un fort accent du coin :

- Bonjour ! Je vois que vous venez de vous installer. J'espère que je ne vous dérange pas ?
- Euh… non… Au contraire. J'ai plaisir à pouvoir parler avec quelqu'un. Je ne vous fais pas entrer, je viens juste d'arriver et la maison est absolument en désordre…
- Oui, merci, pas de problème…

Puis le type resta un moment silencieux. Il semblait réfléchir à ce qu'il allait dire…

- Ça va ? Vous allez vous en sortir ? Il y a beaucoup de travail !
- Oui, c'est pas ce qui manque, j'en ai pour un moment. Mais, ce qui est beau ici c'est la nature sauvage…
- La nature sauvage ?

Et son regard se fit fuyant…

- Oui… répondis-je. Hier soir j'ai vu trois renardeaux gambader au fond du jardin…

Et là son regard se fit insistant, perçant même quand il me déclara :

- Trois renardeaux ? Oui, j'ai vu leurs coulées[9] en passant sur le pré d'à côté. Vous voulez que je vous en débarrasse ?

Je ne sais pas ce qui m'a pris, mais soudain, j'ai répondu : « oui ! » Et le gars se réjouissant d'ajouter : « Ne bougez pas, j'arrive avec des copains et du matériel... » Il tourna les talons et monta dans son quatre-quatre garé sur le chemin sous les hauts chênes.

Environ une demi-heure plus tard, deux véhicules se garèrent sur le chemin et plusieurs personnes en descendirent avec moult claquements de portières et aboiements de chiens. Mon visiteur arrivait avec un chien noir qui le suivait en aboyant ("de peur" expliquerait plus tard son maître...) accompagné de deux autres hommes en tenue de chasseur et deux fox-terriers qui aboyaient également. La gent canine semblait très excitée. Les hommes portaient sur leur épaule tout un attirail : pelles, pioches, débroussailleuses à main et de grosses pinces métalliques très longues. Le plus âgé se contentait d'une tronçonneuse. Cette expédition me fit immédiatement penser à celle des tueurs de vampires dans le film *Vampires* de John Carpenter...[10]

---

[9] Les animaux tassent l'herbe (ou écartent la végétation en général) en passant régulièrement au même endroit ce qui produit une trace de leur passage appelée "coulée".

[10] 1997

- Bonjour monsieur ! C'est où ? Me demanda le vieux.
- Venez je vous conduis, leur répondis-je.

Je les dirigeai vers le fond du jardin, vers l'endroit où j'avais aperçu les renardeaux.

Cet espace en bordure du pré qui entourait ma propriété et qui était en exploitation (le propriétaire y cultivait du fourrage, et l'herbe commençait à être haute...) comprenait une partie en herbes le long de la limite, partie assez étroite encore épargnée par les ronces et les aubépines qui exposaient leurs magnifiques fleurs blanches en grappes. On avait donc de la place pour faire tenir tout ce beau monde. Immédiatement arrivé, le vieux se disputa avec le plus jeune. Je compris vite qu'il s'agissait du fils et de son père et que ce dernier n'acceptait pas de se voir voler son statut de chef de meute. Néanmoins, c'était bien lui le spécialiste et il repéra immédiatement les débouchés des terriers. Il s'appliqua immédiatement à abattre une aubépine arbustive alors que son fils débroussaillait les ronces pour dégager l'entrée du tunnel. Ils finirent par dégager l'entrée d'un tunnel. Le jeune me désigna du doigt une autre entrée et m'ordonna :

- M'sieur ! Pouvez boucher c't'entrée ?
- Oui, je vais utiliser un sac.

Mon visiteur, toujours préoccupé par l'état peureux de son chien, me tendit un sac. Je le posais sur le trou et le tins appliqué en posant le pied dessus.

- C'est une entrée ? Demandai-je pour me rendre intéressant.

- Non. M'sieur. C'est une bouche d'aération...

Bon... Les deux fox-terriers aboyaient toujours. Enfin je suppose que c'était des fox-terriers, car je connais peu les races de chiens. De petits chiens courts sur patte, très musclé à la gueule longe et effilée et la queue très courte. Je verrai plus tard que cette queue servirait de "poignée" à son propriétaire !

Donc, après une demi-heure de prospection et de débroussaillage, le jeune commença à creuser avec une pioche et un autre évacuait la terre... Un moment passa et il s'exclama : « Voilà je crois que c'est là ! » Il appela son chien et le fit entrer dans le tunnel ainsi bien dégagé. Le chien entra tout excité et ne sortait plus. Il aboyait à l'intérieur. Plus tard je compris que la galerie emmenait à une chambre située sous le tronc d'une aubépine, ses racines faisant office de structure de soutien. Les trois petits renardeaux logeaient là !

Le chasseur ordonna au chien de sortir, mais le chien n'obéit pas. « Ils sont là, s'exclamait le jeune homme, ils sont là ! »

J'étais plein d'admiration pour l'habileté et la connaissance des modes de vie des renards dont faisaient preuve ces hommes.

Il tira le chien par la queue et le sortit du terrier. Il saisit les grandes pinces métalliques, les introduisit jusqu'au fond, ses mains disparaissant quasiment sous terre. Il se tenait accroupi dans le trou qu'il avait creusé. Il farfouilla un moment et retira les pinces dont les mâchoires tenaient un petit renard les babines retroussées montrant ses dents pointues et qui émettait un chuintement mêlant terreur et colère. Le chasseur fut gêné dans ses mouvements et au moment où il se retournait pour poser sa pince tout en maintenant le renard emprisonné cruellement dans cet étau, il appela son père à la rescousse. Mais celui-ci était occupé dans la broussaille à côté en piochant à droite et à gauche tout en marmonnant : « Ça sent la charogne ! Y doit y en avoir un encore ici… » Du coup le renardeau lui échappa. Le pauvre petit tenta de fuir vers le pré contigu poursuivi par le chien noir. Le jeune homme gueulait : « Attention ! Attention ! Y s'tire ! Putain ! On va le rater. » Mais, hélas pour le renard, le vieux était réapparu et frappa la bestiole à la tête et la tua sur le coup.

Le fox tira les deux autres petits du terrier et leur mort fut cruelle, surtout pour l'un d'eux, que le vieux tenait d'une main et qu'il tentait de tuer en lui assénant un coup de pelle sur la tête, mais il le ratait et tapait sur le museau. Une horreur. À la fin trois petits cadavres qui saignaient, qui de la bouche, qui des oreilles ou du nez, étaient allongés dans l'herbe. Les chasseurs les fourrèrent dans un sac de jute, mon visiteur en demanda un au vieux « pour montrer à son neveu… » Le vieux enfouit une main dans le sac et en sortit le petit cadavre sans doute encore chaud. Ils remirent le terrain en état, enfin, en gros.

Ensuite j'ai eu une conversation avec ces gens. Ils n'aiment pas les renards. Les renards mangent les poules. Eux ils n'ont pas de poulailler, mais ils défendent les poules. Pire même, cette chasse par déterrage, c'est leur passion ! Et ça se voit : ils sont de véritables experts. Parfois, m'ont-ils dit, ils creusent plusieurs mètres de profondeur, pour des terriers profonds... Et ils ont l'outillage. Ils sont repartis assez satisfaits d'eux-mêmes et moi je suis resté là abasourdi. Pourquoi j'avais dit « oui ! » ??? Je croyais qu'ils allaient les prendre et les mettre ailleurs ces petits renards si mignons... Quel naïf !

Le lendemain je m'éveillai après une nuit agitée de cauchemars dans lesquels je nageai sous l'eau sans avoir besoin de respirer. Autour de moi, des centaines d'hommes poissons (comme moi ?) nageaient de concert.

Comme j'avais fait des rêves d'eau, je décidai de commencer ma journée par un nettoyage du puits. Je fis le tour de la maison pour rejoindre l'appentis situé à l'arrière et dont le toit à faible pente couvert de tuiles était effondré à un endroit. J'y retrouvai mon seau. L'anse semblait solide. Il était percé à plusieurs endroits, mais cela m'arrangeait, car je voulais l'utiliser pour recueillir les solides flottant dans le puits et non pas de l'eau. Je retournais devant la maison et m'approchais du puits. Je fixai le seau au crochet avec un ergot de sécurité ce qui rendait impossible la perte du seau et commençait mon travail de nettoyage. Je remontais des morceaux de bois, deux bidons vides, et une boîte en métal fermée solidement. Je rangeais ces objets au pied de la margelle. Une fois cette corvée terminée je décidai d'un endroit où stocker mes déchets et j'y emmenai tous ces débris. Une fois sur place, j'eus soudain l'idée d'ouvrir la boîte. C'était une boîte genre boîte à biscuits, mais liée avec du fort fil de fer afin qu'elle ne puisse pas s'ouvrir. Elle me résista un peu, car elle était rouillée, mais je réussis à l'ouvrir. Elle était quasiment vide. Seuls les restes d'un petit animal, genre grenouille ou plutôt un poisson avec pattes et bras, s'y trouvait allongé. Soudain envahi par une angoisse surprenante, je posais la boîte sur le sol et m'accroupis pour observer la "chose".

Elle semblait inerte et soudain je crus voir comme un mouvement, une espèce de tremblotement, comme quand l'image d'un film tressaute parce que la pellicule a sauté dans l'appareil de projection... Puis, le petit animal se redressa en une fraction de seconde, sauta hors de la boîte et disparut dans les ronces. Je restais là accroupi, rempli de sentiments contradictoires : heureux de voir disparaître cette "chose" qui semblait être restée enfermée depuis très longtemps, mais terrifié à l'idée de ce que pourrait être sa nature qui lui a permis de rester en vie dans de telles conditions... Moi qui me flatte d'être un naturaliste amateur éclairé, j'étais incapable de me prononcer sur la nature de cette "chose" qui resta répugnante à jamais dans mon souvenir.

o

o   o

Le travail de défrichage fut harassant. D'autant plus que je n'avais pas les moyens d'acheter les outils nécessaires. Je ne disposais que d'une machette, d'une vieille bêche et d'un vieux râteau trouvés dans la vieille cabane à outils perdue au milieu des ronces. Plutôt que d'une cabane je devrais parler d'une petite bâtisse de quatre mètres carrés avec un toit en pointe couvert d'ardoises et une merveilleuse petite charpente en chêne dans laquelle j'entendais bourdonner un nid de frelons. Elle était agrémentée de deux petites fenêtres, l'une équipée d'une menuiserie en croisillon au rez-de-chaussée et l'autre, au premier étage, nue et arrondie sur le haut. Je voyais sortir les frelons par cette ouverture. Je me promis de détruire ce nid dès que les nuits deviendraient froides.

Il y avait aussi des travaux de maçonnerie à réaliser : destruction du mur vermoulu devant la maison et qui prolongeait le puits, reconstruction du pignon sud de la petite grange. Pour cela je dus me rendre au village pour commander les matériaux nécessaires. Je me procurais le minimum compatible avec mes très maigres ressources financières. J'achetais également des graines et des plants pour un potager.

Ces achats me permirent de prendre contact avec la population du coin. Le commerçant me repéra immédiatement comme le nouvel habitant des lieux que j'avais investis. Je remarquais sa réticence à me servir et un client présent dans le magasin m'agressa verbalement. Puis, il s'entretint avec le commerçant en lui disant d'un air somme toute terrifié que « ça n'allait pas tarder à recommencer ! »

La nuit suivante je fis un rêve sans doute influencé par la physionomie apeurée de ce personnage du magasin. J'étais terrifié moi-même en observant une espèce de réunion d'animaux au milieu de mon jardin à peine débroussaillé. Au centre de ce rassemblement se tenait un renard à la queue en large fuseau. Je pensais alors « c'est la renarde ! Elle vient à la recherche de ses petits… » Puis, j'entendis un bruit, peut-être un cri, un cri de gargouille qui provenait de la petite bâtisse qui servait de cabane à outils. Le nid de frelons ! Le monstrueux gargouillis venait du nid de frelons ! Comment un être de chair pouvait-il cohabiter dans un endroit si exigu occupé par un nid de frelons sans doute assez gros à voir la quantité d'insectes qui allaient et venaient ? Puis, un être chimérique, mélange de batracien, de poisson et d'homme, sauta de la petite fenêtre du premier et s'approcha du groupe qui s'écarta pour lui laisser le passage jusqu'à la renarde. Je pensais reconnaître le petit « animal » que je découvris dans la boîte qui flottait dans le puits. Mais cet être était devenu bien plus gros… Il s'accroupit devant la femelle renard et ils entamèrent une "conversation" gutturale. Ma pensée traduisait leurs propos et je compris que la renarde expliquait au monstre la mort atroce de ses trois petits. Puis mon rêve s'arrêta brutalement. Au petit matin frais, je me réveillais non pas sur ma paillasse dans la maison, mais dans mon jardin, adossé contre le mur … J'imaginais alors en frémissant de terreur que tout cela ne fut pas un rêve, mais une réalité à laquelle j'avais été réellement confrontée.

Je pris mon courage à deux mains pour m'approcher de la petite tour pointue sous le toit de laquelle grondait un nid de frelons. J'écoutais attentivement, mais plus aucun insecte ne sortait et n'entrait par l'ouverture. Je me rendis au grenier de la maison dans lequel traînait une petite échelle en bois et l'emportait pour la poser contre le mur de la petite bâtisse afin de pouvoir accéder à l'étage situé à environ deux mètres de hauteur. Ce que j'y vis me stupéfia : un énorme nid de frelons, une grosse sphère en papier mâché comme savent le faire ces insectes avec leur salive et du bois restait suspendu à la charpente. Une partie de cette enveloppe avait été arrachée et on voyait à l'intérieur les alvéoles dont les larves avaient été enlevées. Il ne restait plus rien de vivant sous ce toit. Il régnait dans ce lieu une odeur de marée, de cette odeur iodée que l'on sent à marée basse alors que l'océan a laissé derrière lui des monceaux d'algues pourrissantes…

Quelques jours plus tard, je reçus la visite de la gendarmerie. Les militaires m'ont longuement interrogé sur mon emploi du temps, ont demandé de visiter la propriété (ce que j'ai accepté). Ils m'ont ensuite fait comprendre qu'ils menaient une enquête sur de mystérieuses disparitions dans la région.
Je compris que ces personnes disparues étaient mes chasseurs qui étaient venus pour "enlever" les petits renardeaux, puisque les gendarmes m'ont posé de nombreuses questions sur leur visite.

Je crois que je vais être la prochaine victime… J'ai revu la nuit la créature. Elle a considérablement grandi et grossi… Elle m'a envoyé un avertissement : j'ai retrouvé au petit matin, sur le seuil de ma maison un des petits renardeaux empaillés… Si les gendarmes trouvent cette chose chez moi, je serai immédiatement arrêté. Je suis allé l'enterrer dans mon jardin…

Voilà mon cher Ralsa, c'est ainsi que se termine ce "journal".

Comme je te l'écrivais, je me suis rendu sur les lieux. Le rédacteur de ce "journal" a été arrêté.

J'ai rencontré notre frère des Profondeurs. C'est lui qui a caché ce "journal" afin qu'il ne tombe pas aux mains de la police. Il va rejoindre l'océan en empruntant les chemins que nous connaissons tous, celui des rivières et des fleuves.

Nous avons eu de longues conversations à propos des "monstres" enfermés le plus souvent dans la cave, ou dans des chambres maudites, rendues la plupart du temps inaccessibles à autrui.

Un auteur[11] a écrit une nouvelle qu'il a intitulée "Journal d'un monstre", il montre très bien que son monstre est une victime. Qu'y peut-il, ce "monstre" s'il doit "consommer" ce que d'autres se sont interdit de consommer ?

---

[11] Richard Matheson : "Journal d'un monstre" (Titre original : *Born of man and woman*) Éditions OPTA 1972 pour la traduction française

Qui ne se souvient de la peur enfantine de la cave ? Quand le père envoie le fils chercher une bouteille dans la cave, ce dernier prend peur... En fait, le vin n'est-il pas aussi un "monstre" enfermé dans la cave pour son "bien", monstre qui peut engendrer une grave maladie, une espèce de punition du plaisir qu'il a procuré, la maladie alcoolique ?

Il y a pire ! On a vu cet Autrichien qui considérait sa fille comme "monstre" sexuel, qui produisait chez lui un désir qu'il ne savait pas maîtriser. Il a donc fait de sa fille un "monstre" enfermé dans sa cave, une "cave" particulièrement protégée puisqu'il s'agissait en réalité d'un abri antiatomique !

En fait qu'est-ce qu'un monstre ? Une créature qui n'est pas comme les autres créatures... Un jour, alors que ma mère rangeait les services à verres, elle s'écria : « ah ! voici le monstre ! ». Je lui fis part de mon étonnement, elle m'expliqua alors qu'il s'agissait tout simplement d'un verre plus gros que les autres, différent, donc...

Souvent les monstres sont "méchants". On leur donne parfois le nom de croquemitaine, pour faire peur aux enfants. La fille de l'Autrichien était sans doute "méchante" à ses yeux, tentatrice qu'elle était. Il a donc cru nécessaire de cacher à la fois le monstre et l'activité qu'il engendrait chez son tortionnaire...

Dans bien des films d'horreur, ce n'est pas le monstre que l'on cache dans la cave, mais la victime, qu'on emprisonne pour la torturer, tout le jeu de la fiction consistant à montrer comment elle finira par réussir à sortir de cette maudite cave. C'est ce qu'a réussi la fille de l'Autrichien.

C'est aussi ce que parviendront à faire tous les monstres enfermés dans la cave !

Cette fois, contrairement à ce qui a été relaté par August Derleth[12] qui avait écrit : *« la chose qui était née de l'union maudite de Sarey Watheley et de Ralsa Marsh, engendrée d'un sang impur et dégénéré (...) au lieu d'être relâchée dans la mer, libre d'aller rejoindre Ceux des Profondeurs, les serviteurs de Dagon et du grand Cthulhu !* » a péri dans les flammes.

Voici donc mon cher Ralsa, qu'une autre de tes progénitures était endormie dans ce beau pays de France, conservée, non pas dans une cave, mais au fond d'un puits, afin que quelqu'un la réveille pour qu'elle puisse rejoindre les serviteurs de Dagon et Cthulhu…

Bien à toi,

Pierre Dagon,

Espérance, le 17 juillet 2008

---

[12] La Chambre condamnée.

SF MAG
SCIENCE FICTION MAGAZINE
toutes les dimensions de l'imaginaire
DÉCOUVERTES
Jack Vance
L'âge d'or de la SF
Gilmour (2)
Apprendre à voler...
Hommages
Leonard Limoy & Roddy Piper
Super Héros
Gardiens de la Galaxie
Denis Bajram
Adeline Dias
Samar Hachem
Interviewés
INTERVIEWS
Dans le Noir
David F. Sandberg
Teresa Palmer
Peter et Elliot le dragon
Robert Redford
Bryce Dallas Howard
Oakes Fegley
Oona Laurence
STAR TREK
SANS LIMITES
CHRONIQUES
STAR TREK
PETER ET ELLIOTT
TOUS LES SECRETS DU FILM AVEC JUSTIN LIN, CHRIS PINE, ZACHARY QUINTO, KARL URBAN, SIMON PEGG, ZOE SALDANA, JOHN CHO
ET... SÉRIES TV Preacher - Hunters - Outcast
CHRONIQUES LIVRES & BD
SCIENCE FICTION MAGAZINE No 93 trimestriel septembre-octobre-novembre 2016
M 06614 - 93 - F: 6,00 € - RD

Pelosato Alain

Pseudonymes littéraires : Pierre Dagon Et Robert Neville

Les deux ouvrages collectifs dont j'ai assuré la direction :
"Ecologie et Progrès" et "Ecologie et civilisation"
ont été classés par le bibliographe de l'ONU parmi les cent
meilleurs livres d'environnement du siècle.

Consultant en environnement et risque
Directeur de la revue Naturellement (1996 - 2001)
Directeur de la revue Science-fiction magazine
Directeur de la revue Ecologie et Progrès
Membre de l'association des journalistes-écrivains pour la Nature et l'Ecologie

BRÈVE BIOGRAPHIE
Né le 19 décembre 1946. Lorrain d'origine.
Etudes à l'Institut National des Sciences Appliquées.
Habite la vaillante petite ville rhodanienne de Givors,
bien connue pour ses habitants qui savent faire comme ils veulent.
Maire-adjoint de 1983 à 2001,
Conseiller municipal – 2001-2002
Conseiller municipal d'opposition à partir de 2013
Président du syndicat d'adduction d'eau jusqu'en 2001.
Directeur puis président de l'association pour la défense de la nature et la lutte contre les pollutions de la vallée du Rhône (1973-2002)

Membre fondateur du Mouvement national de lutte pour l'environnement
Président du conseil scientifique du MNLE (1995-2002)
Militant pour l'environnement depuis belle lurette.
Passionné de littérature et cinéma fantastique
Responsable des éditions Naturellement (1994 – 2003)
Directeur de l'environnement et manageur de risques dans une collectivité locale (1995-2007)
Gérant de sfm éditions
Directeur et rédacteur en chef de science fiction magazine

OUVRAGES
ETUDES ET ESSAIS
Livre blanc de la pollution du Rhône (Col.) - MNLE 1982
Au fil du Rhône, histoires d'écologie - Messidor 1992
Le Rhône fleuve lumière - Ouest France 1994
Voies de la déportation - Naturellement 1995
Le Rhône - PUF " Que sais-je ? " 1996
Ecologie et progrès (Col.) - Naturellement 1997
Le Rhône et ses crues (Col.) - Naturellement 1997
Ecologie et civilisation (Col.) - Naturellement 1998
Le cinéma fantastique - Naturellement 1998
Fantastique, des auteurs et des thèmes - Naturellement 1998
Le cinéma fantastique de l'année 1998 - Naturellement 1999
Fantastique et science-fiction au cinéma - Naturellement 1999
L'appareil suivi de la nouvelle "Le Spectre" - Naturellement 2000
Algériens, la France et l'Algérie - Naturellement 2000
Le cinéma fantastique (2000 - 2001) - Naturellement 2002
Un siècle de cinéma fantastique et de SF - Le Manuscrit 2005

L'effet Vénus (Coll.) - Eons 2005

Militer - Le Manuscrit 2005

Le cinéma fantastique et de SF en 2005 - Le Manuscrit 2006

Le climat de la Terre suivi de Le Rhône et ses crues - Le Manuscrit Université 2006

Le cinéma fantastique et de SF en 2006 – Le Manuscrit 2007

La Ville et l'industrie (Risque majeur, pollution et aménagement du territoire) – Edilivre 2008

Explorations – Edilivre 2010

Cinéma fantastique et de SF (Séries télé : Stargate SG1, Atlantis, Universe et retour sur X-files) Edilivre 2010

Livre Noir de la Mairie de Givors (sous le pseudonyme de Robert Neville) Edilivre 2011

Lovecraft au cinéma Edilivre 2011

Vampires au cinéma Edilivre 2011

Zombies au cinéma – Edilivre 2012

Nature fantastique au cinéma – Edilivre 2012

Le Gothique au cinéma – Edilivre 2012

Communisme : je m'en suis sorti ! – Edilivre 2012

Un siècle de cinéma fantastique et de SF : la suite 2004-2015 – Edilivre et Kindle 2015

Lovecraft au cinéma (la suite 2008_2015) – Kindle

Fantastique et science fiction, réel, cinéma, littérature - Exploration – Edilivre 2015

Stargate : le guide – CeateSpace 2016 (Egalement en Kindle)

X-files le guide – CreateSpace 2016 (Egalement en Kindle)

Stargate et X-files : le guide (édition revue et corrigée) – Edilivre 2016

Cinéma fantastique et de SF Essais et données pour une histoire du cinéma fantastique (1985-2015) sfm éditions 2016

Terreur végétale dans les films d'horreur et de SF – sfm éditions - 2016

The Strain avec le traité sur les apparitions des vampires au cinéma et à la télé – sfm éditions – 2016

Supernatural intertextualité cinématographique – sfm éditions 2017

Les Étoiles de Renaudie – sfm éditions – 2017

Les Algériens la France et l'Algérie – textes et images – 1989-2012 – sfm éditions – 2017

10 ouvrages de taxinomie du cinéma fantastique :

Aliens, Mutants et autres monstres – Nature terrifiante et cinéma fantastique – Anges, démons et enfer – Zombies et autres revenants – Films gothiques – Philip K. Dick, écrits et films – Robots, I.A. & mondes virtuels – Voyages dans le temps – Bestiaire du cinéma fantastique 2018-2019

Nombreux ouvrages publiés chez Kindle Edition : Clive Barker au cinéma – Aliens généalogie cinématographique – E.R. Burroughs, l'aventurier de l'imaginaire – L'Amour à mort ! – Le Chant du fleuve – Le Réel au service du fantastique – Philip Kindred Dick – Entretiens fantastique SF – Fantastique SF Sciences – etc.

NOUVELLES

Vorgines, fées et témoins du fleuve - Naturellement 1993

Nouvelles d'autres mondes (Col.) - Naturellement 1997

Pas de nouvelles de lui (Col.) - Naturellement 1998

Hollywood : les sept dernier jours de Bela Blasko in " De Sang et d'Encre " Nat. 1999

Stigmates in " Forces Obscures N°2 " Nat. 1999

Le chant de la meuille - Naturellement 2002

Le chant de la meuille - Le Manuscrit 2006

Lovecraft est parmi nous – Edilivre 2008

Crash - pelosato.blogg.org 2009
Le train – Sfmag 2009
Lettre à Ralsa Marsh – Sfmag 2010
Lettre à Ralsa Marsh in Lovecraft au cinéma Edilivre 2011
Vorgines, fées et témoins du fleuve - Edilivre 2013
Terribles moments – sfm éditions - 2017

ROMANS

La compagnie des clones - Naturellement 1997 (réédité en 2017 chez sfm éditions)
Ruines - Naturellement 1998
Fleur de soufre - Naturellement 2000
L'appareil suivi de la nouvelle "Le Spectre" - Naturellement 2000
Fandom - Inlibroveritas (2005)
Militer – Le Manuscrit (2006)
La série "Sfmag présente" est basée sur les personnages de "Ruines" et "Fleur de soufre"
Les 12 filles de Lilith par Pierre Dagon (2001)
Le dragon de Niort par Guillaume Darnaud (2002).
Le Dernier gardien par Alban Nox (2002)
Cypris par Christian Cogné (2002)
Lovecraft à Espérance par Pierre Dagon (2003)
L'Alchimiste par Pierre Dagon (2004)
Les Âges sombres par Pierre Dagon (2005)
Jean Calmet (Les Vampires et Lovecraft) – Edilivre 2011 (Recueil de 6 romans)
Yuggoth et Titan (Pierre Dagon) – sfm éditions 2016

FILMS

En collaboration avec le cinéaste Paul Carpita
Vallée du Rhône la colère PROFILIM 1978
Le Rhône la mer danger pollution PROFILIM 1988
Vivre à Givors PROFILIM 1989

TELEVISION/Radio

Émission « culture pub » sur M6 (les vampires au cinéma) et émission « 26' Travelling » sur Cinécinéma (la SF au cinéma).

Émission « Question science » sur France5 (la conquête spatiale et la SF au cinéma). Invité à l'émission « les fleuves de France » sur la chaîne Direct 8.

« Les yeux fermés sur le Rhône » France Culture.

« La tête au carré » France Inter.

« Au fil du Rhône » France bleue Drôme/Ardèche

Voir quelques vidéos sur ces émissions :

http://www.alainpelosato.com/ARCHIVES/videos1.htm

ARTICLES

Naturellement N° 37-38 - 1990 " Le jeu en vaut-il la chandelle ? " --- Naturellement N° 44 - 1993 " Rhin-Rhône : le maillon manquant "--- Naturellement N° 45 - " Le dragon endormi "--- Naturellement N° 46 - 1993 " Pollutions atmosphériques : normes et réseaux d'alerte "--- Naturellement N° 49 - 1994 " Les secrets du Rhône--- Naturellement N° 50 - 1994 " Les biocarburants ou l'art de rester dans le cycle du carbone "--- Naturellement N° 55 - 1996 " Faut-il avoir confiance dans la science ? "--- Naturellement N° 59 - 1997 " Nature terrifiante et avenir de l'espèce humaine "--- Naturellement N° 60 - 1997 " L'eau du Rhône pour la Catalogne - La nature et l'écologie à la télévision et au cinéma : les fleuves (I) "--- Naturellement N° 61 - 1998 " La nature et l'écologie à la télévision et au cinéma : les fleuves (II) "--- Naturellement N° 63 - 1998 " Tolkien et l'écologie "--- Naturellement N° 64 - 1999 " Les insectes et l'horreur au cinéma "--- Naturellement N° 65 - 1999 " Les OGM et la SF au cinéma "--- Naturellement N° 66 - 1999 " Les oiseaux au cinéma "--- Naturellement N° 68 - 2000 " Effet de serre et science-fiction au cinéma "--- Colloque " Transports et aménagements " Fontaine (38) juin 1994 - " Les mesures préventives pour une utilisation de la voie fluviale - Les effets de la pollution automobile en milieu urbain traversé par une autoroute "--- Université d'été ministère de l'environnement et ministère de l'éducation Arbresle (69) octobre 1997 - " La politique d'aménagement et les choix industriels "--- Phénix N° 38 - 1995 " Masterton : Lovecraft moderne ? - Masterton et les Peaux-

Rouges - Les mythes de la littérature fantastique revus par Masterton - Les cinq meilleurs romans de Masterton "--- Phénix N° 39 - 1995 " Vampires français - Avant Dracula : légendes et récits - Gilles de Rais - Nosferatu - Les vampires au cinéma "--- Phénix N° 40 - 1996 " La Fantasy française : le "Domaine de R" et "Ortog" - La Fantasy là où on n'a pas l'habitude de la trouver "--- Show Effroi 1997 " Les psychopathes, la psychologie et la société. Réalités et fictions "--- Lovecraft (1999) Ouvrage collectif : " Lovecraft au cinéma et à la télévision ".--- CinémAction (Les monstres du mythe au culte) - 2008 : "Monstres au féminin : fascination et horreur ou l'attrait de la nature maléfique" – Le Monde : "Les Robots" 2015

Nombreux autres articles dans Sfmag, Naturellement, la Voix du Lyonnais et d'autres revues...

Le site des éditions
http://www.sfmeditions.fr
Le cycle Jean Calmet au complet
http://www.jeancalmet.info
Certaines œuvres d'Alain Pelosato peuvent être lues gratuitement sur les sites de lecture en ligne
In Libro Veritas et *Atramenta*
ACHETER LES LIVRES D'ALAIN PELOSATO CHEZ AMAZON
http://www.amazon.fr/Alain-Pelosato/e/B004N2IML0/
CEUX DE PIERRE DAGON
http://www.amazon.fr/-/e/B011NY4KPM
CEUX DE ROBERT NEVILLE
http://www.amazon.fr/-/e/B0076D18RS
Le site perso d'**Alain Pelosato** avec toutes les informations sur l'accessibilité des œuvres publiées depuis 1992 :
http://www.alainpelosato.com
Le site perso de **Pierre Dagon** avec toutes les informations sur l'accessibilité des œuvres publiées depuis 2000 :
http://www.pierredagon.info

SF
MAG

SCIENCE FICTION
MAGAZINE

INTERVIEWS

The Visit
Night Shyamalan

Régression
Alejandro Amenabar

DÉCOUVERTES
CHRISTOPHER PRIEST
Son dernier livre

JOHN WYNDHAM
L'âge d'or de la SF

GIGER
Infernales plasticités

SUPER-HÉROS
La Division Alpha

PLANÈTE DES SINGES
La Mythologie

EXCLUSIF
HUNGER GAMES :
RENCONTRE AVEC
L'ÉQUIPE DU FILM
Francis Lawrence, Nina Jacobson,
Jennifer Lawrence, Liam Hemsworth
et Josh Hutcherson

ÉVÈNEMENT
RENCONTRE EXCLUSIVE AVEC TOUTE L'ÉQUIPE DU FILM
GUILLERMO DEL TORO, MIA WASIKOWSKA , TOM HIDDLESTON

CRIMSON PEAK
PRENEZ GARDE

ET AUSSI...
Séries TV : Wayward Pines - Au Pays des géants
Chroniques livres & Chroniques TV

SCIENCE FICTION MAGAZINE N° 89 trimestriel octobre-novembre-décembre 2015

INDEX

SF MAG
SCIENCE FICTION
MAGAZINE
Toutes les dimensions de l'imaginaire
Genisys
de James Cameron
exclusive avec l'équipe du film
Spécial Cannes
Robin Hobb
Robert Sheckley
L'âge d'or de la SF
TERMINATOR
GENISYS
Séries TV : Daredevil, Penny Dreaful
Chefs-d'oeuvre de l'animation : Vice Versa, Le Petit Prince
Chroniques BD
CIENCE FICTION MAGAZINE No 88 trimestriel juin-juillet

Table des matières